U0826742

国家基本职业培训包（指南包 课程包）

物流服务师

人力资源社会保障部职业能力建设司编制

中国劳动社会保障出版社

图书在版编目（CIP）数据

物流服务师 / 人力资源社会保障部职业能力建设司编制. -- 北京：中国劳动社会保障出版社，2021

国家基本职业培训包：指南包　课程包

ISBN 978-7-5167-3842-9

Ⅰ.①物…　Ⅱ.①人…　Ⅲ.①物流管理－职业培训－教材　Ⅳ.①F252.1

中国版本图书馆 CIP 数据核字（2021）第 191945 号

中国劳动社会保障出版社出版发行

（北京市惠新东街 1 号　邮政编码：100029）

*

三河市华骏印务包装有限公司印刷装订　新华书店经销

880 毫米 ×1230 毫米　16 开本　7 印张　124 千字

2021 年 9 月第 1 版　2021 年 9 月第 1 次印刷

定价：22.00 元

读者服务部电话：（010）64929211/84209101/64921644

营销中心电话：（010）64962347

出版社网址：http://www.class.com.cn

编制说明

为全面贯彻落实习近平总书记对技能人才工作的重要指示精神，进一步增强职业技能培训针对性和有效性，不断提高培训质量，培养壮大创新型、应用型、技能型人才队伍，按照《人力资源社会保障部办公厅关于推进职业培训包工作的通知》（人社厅发〔2016〕162号）的工作安排，我部持续组织开发培训需求量大的国家基本职业培训包，指导开发地方（行业）特色职业培训包，力争全面建立国家基本职业培训包制度，普遍应用职业培训包高质量开展各类职业培训。

职业培训包开发工作是新时期职业培训领域的一项重要基础性工作，旨在形成以综合职业能力培养为核心、以技能水平评价为导向，实现职业培训全过程管理的职业技能培训体系，这对于进一步提高培训质量，加强职业培训规范化、科学化管理，促进职业培训与就业需求的有效衔接，推行终身职业培训制度具有积极的作用。

国家基本职业培训包由指南包、课程包和资源包三个子包构成，是集培养目标、培训要求、培训内容、课程规范、考核大纲、教学资源等为一体的职业培训资源总和，是职业培训机构对劳动者开展政府补贴职业培训服务的工作规范和指南。

国家基本职业培训包遵循《职业培训包开发技术规程（试行）》的要求，依据国家职业技能标准和企业岗位技术规范，结合新经济、新产业、新职业发展编制，力求客观反映现阶段本职业（工种）的技术水平、对从业人员的要求和职业培训教学规律。

《国家基本职业培训包（指南包 课程包）——物流服务师》是在各有关专家的共同努力下完成的。参加编审的主要人员有邵清东、汝知骏、张群艳、朱建柳、陈平、刘宝庆、李瑞吉、张杰、陶广华、刘楠、都国雄、丁国明、石小平、陈英、刘盈含、王凤英、周勇、郑治、程兆兆、张洁、商磊、袁世军、张娜、孟华、马三生、李斌成、庞立伟、付永军、王海英、陆敏、田中宝等，在编制过程中得到了北京络捷斯特科技发展股份有限公司、上海南湖职业技术学院、佛山职业技术学院、长春职业技术学院、柳州市第二职业技术学校、江西旅游商贸职业学院、北京交通运输职业学院、江苏省扬州技师学院、江苏省常州技师学院、湖北交通职业技术学院、成都职业技术学院、重庆电子工程职业学院、福建船政交通职业学院、贵州交通职业技术学院、长春汽车工业高等专科学校、江西现代职业技术学院、柳州城市职业学院、湖州交通技师学院、湖南现代物流职业技术学院、安徽警官职业学院、重庆化工职业学院、秦皇岛职业技术学院、甘肃财贸职业学院、潍坊职业学院、河南物流职业学院、商丘职业技术学院、上海市现代流通学校、南海信息技术学校等有关单位的大力支持，在此一并致谢。

人力资源社会保障部职业能力建设司

国家基本职业培训包编审委员会

目录

1 指南包

2 课程包

附录 培训要求与课程规范对照表

1

指南包

1.1 职业培训包使用指南

1.1.1 职业培训包结构与内容

物流服务师职业培训包由指南包、课程包、资源包三个子包构成，结构如图 1 所示。

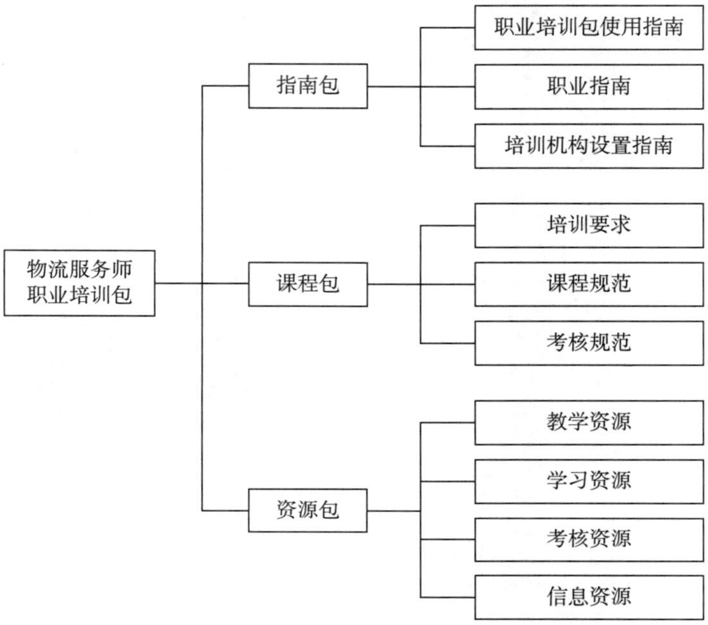

图 1　职业培训包结构图

指南包是指导培训机构、培训教师与学员开展职业培训的服务性内容总和，包括职业培训包使用指南、职业指南和培训机构设置指南。职业培训包使用指南是培训教师与学员了解职业培训包内容、选择培训课程、使用培训资源的说明性文本，职业指南是对职业信息的概述，培训机构设置指南是对培训机构开展职业培训提出的具体要求。

课程包是培训机构与教师实施职业培训、培训学员接受职业培训必须遵守的规范总和，包括培训要求、课程规范、考核规范。培训要求是参照国家职业技能标准，结合职业岗位工作实际需求制定的职业培训规范；课程规范是依据培训要求，结合职业培训教学规律，对课程内容、课堂学时、培训方法等所做的统一规定；考核规范是针对课程规范中所规定的课程内容开发的，能够科学评价培训学员过程性学习效果与终结性培训成果的规则，是客观衡量培训学员职业基本素质与职业技能水平的标准，也是实施职业培训过程性与终结性考核的依据。

资源包是依据课程包要求，基于培训学员特征，遵循职业培训教学规律，应用先进职业培训课程理念开发的多媒介、多形式的职业培训与考核资源总和，包括教学资源、学习资源、考核资源和信息资源。教学资源是为培训教师组织实施职业培训教学活动提供的相关资源，学习资源是为培训学员学习职业培训课程提供的相关资源，考核资源是为培训机构和教师实施职业培训考核提供的相关资源，信息资源是为培训教师和学员拓展视野提供的体现科技进步、职业发展的相关动态资源。

1.1.2 培训课程体系介绍

物流服务师职业培训课程体系依据职业技能等级分为职业基本素质培训课程、三级 / 高级职业技能培训课程、二级 / 技师职业技能培训课程、一级 / 高级技师职业技能培训课程，每一类课程包含模块、课程和学习单元三个层级。物流服务师职业培训课程体系均源自本职业培训包课程包中的课程规范，以学习单元为基础，形成职业层次清晰、内容丰富的“培训课程超市”。

物流服务师职业培训课程学时分配一览表

职业技能等级	课堂学时		其他学时	培训总学时
	职业基本素质培训课程	职业技能培训课程		
三级 / 高级	42	58	20	120
二级 / 技师	18	72	10	100
一级 / 高级技师	10	52	18	80

注：课堂学时是指培训机构开展的理论课程教学及实操课程教学的建议最低学时数。除课堂学时外，培训总学时还包括岗位实习、现场观摩、自学自练等其他学时。

（1）职业基本素质培训课程

模块	课程	学习单元	课堂学时
1．职业认知与职业道德	1-1　职业认知	职业认知	1
	1-2　职业道德基本知识	道德与职业道德	1
	1-3　职业守则	物流服务师职业守则	1
2．物流管理基础知识	2-1　仓储与配送管理基础知识	（1）仓储与配送认知	1
		（2）仓储设施设备	2
		（3）仓储企业岗位设置	1
		（4）仓储与配送作业流程	1

续表

模块	课程	学习单元	课堂学时
2．物流管理基础知识	2-2　运输管理基础知识	（1）运输认知	1
		（2）运输设施设备	1
		（3）运输企业岗位设置	1
		（4）运输作业流程	1
	2-3　货运代理基础知识	（1）航空物流业务	2
		（2）海运物流业务	2
		（3）陆运物流业务	1
		（4）多式联运业务	1
	2-4　供应链管理基础知识	（1）供应链及其管理	1
		（2）需求预测	2
		（3）供应链计划制订	2
		（4）生产管理	2
		（5）库存管理	1
	2-5　物流信息技术基础知识	（1）条码技术	1
		（2）自动识别技术	1
		（3）GIS（地理信息系统）和 GPS（全球定位系统）技术	1
		（4）EDI（电子数据交换）技术	1
		（5）大数据技术	1
3．安全生产与环境保护基础知识	3-1　物流安全生产基础知识	（1）人员安全管理	1
		（2）设备安全管理	1
		（3）物料安全管理	1
	3-2　物流服务师职业健康基础知识	（1）仪容仪表	1
		（2）心理健康	1
		（3）仓库 7S 管理	1
	3-3　环境保护基础知识	（1）环境保护概述	1
		（2）绿色物流	1
4．相关法律、法规知识	4-1　相关法律知识	相关法律知识	2
	4-2　相关法规知识	相关法规知识	1
课堂学时合计			42

注：本表所列为三级 / 高级职业基本素质培训课程，其他等级职业基本素质培训课程以本表为基础，按“物流服务师职业培训课程学时分配一览表”中相应的课堂学时要求进行必要的调整。

（2）三级 / 高级职业技能培训课程

模块	课程	学习单元	课堂学时
1．仓储与配送管理	1–1　仓储与配送作业管理	（1）仓储与配送作业计划编制与实施	4
		（2）仓库异常情况的分类与处理	2
		（3）仓储与配送作业绩效考核	2
		（4）防火、防汛日常安全管理	2
		（5）仓储与配送作业安全培训与演练	1
	1–2　仓储与配送作业质量管理	（1）仓储与配送作业质量控制	2
		（2）仓储与配送作业质量偏差处理	2
2．运输管理	2–1　运输作业管理	（1）运输作业计划编制	1
		（2）运输调度和路由设计	2
		（3）车辆在途管理	1
		（4）运输作业绩效考核	1
		（5）车辆安全管理	1
		（6）车辆运输安全培训与演练	1
	2–2　运输作业质量管理	（1）运输作业质量控制	1
		（2）运输作业质量追踪与责任界定	1
		（3）运输作业质量偏差处理	2
3．货运代理	3–1　货运代理作业管理	（1）货运代理作业计划编制	1
		（2）货运代理海运作业操作	4
		（3）货运代理航空作业操作	3
		（4）货运代理作业异常情况处理	1
		（5）货运代理作业绩效考核	2
	3–2　货运代理作业质量管理	（1）货运代理作业质量控制与责任界定	1
		（2）货运代理作业质量偏差处理	1
4．生产物流管理	4–1　采购供应管理	（1）采购计划	1
		（2）供应商信息采集与评价	1
		（3）采购执行	2
		（4）物料配送	1

续表

模块	课程	学习单元	课堂学时
4．生产物流管理	4-2　物料管理与控制	（1）物料需求计划编制	2
		（2）物料库存控制	1
		（3）物料质量控制	2
5．物流信息技术应用	5-1　物流信息系统实施	（1）物流信息系统配置与测试	1
		（2）物流信息系统初始化	1
		（3）物流信息系统业务培训	1
	5-2　物流数据统计与分析	（1）物流数据收集整理	2
		（2）物流数据统计	2
		（3）物流数据分析	2
课堂学时合计			58

（3）二级 / 技师职业技能培训课程

模块	课程	学习单元	课堂学时
1．仓储与配送管理	1-1　仓储与配送业务运营	（1）仓储与配送业务标准操作程序制定	1
		（2）仓储与配送业务实施管理	1
		（3）仓储与配送业务运营绩效指标制定	2
		（4）仓储与配送业务运营绩效评估	2
		（5）仓储与配送安全应急预案制订与事故处理	2
	1-2　仓库规划设计	（1）商品基本情况分析	1
		（2）订单分析	2
		（3）仓库能力分析	2
		（4）仓库选址	2
		（5）仓库功能区认知	1
		（6）仓库功能区位置规划	1
		（7）仓库布局规划	2
		（8）集装单元化设备选型与数量确定	2
		（9）货架选型与数量确定	2
		（10）搬运设备选型与数量确定	2

续表

模块	课程	学习单元	课堂学时
1．仓储与配送管理	1-2　仓库规划设计	（11）“货到人”拣选设备配置	2
		（12）仓储设备成本预算	1
2．运输管理	2-1　运输业务运营	（1）运输业务标准操作程序制定	1
		（2）运输业务实施管理	1
		（3）运输绩效管理	2
		（4）运输安全应急预案制订与事故处理	1
	2-2　运输线路设计	（1）运输业务需求分析	1
		（2）运输方式选择	1
		（3）运输节点及线路设计	2
3．货运代理	3-1　货运代理业务运营	（1）货运代理业务标准操作程序制定	1
		（2）货运代理业务实施管理	2
		（3）货运代理业务运营绩效指标制定	2
		（4）货运代理业务运营绩效评估	2
	3-2　货运代理业务规划	（1）货运代理业务需求分析	1
		（2）货运代理业务操作流程	2
		（3）货运代理业务供应商开发与管理	2
4．生产物流管理	4-1　采购业务规划	（1）供应商开发与选择	1
		（2）采购成本	1
		（3）采购策略	2
	4-2　物料库存设计	（1）ABC 库存分析	1
		（2）库存控制模型	2
5．物流信息技术应用	5-1　物流信息系统需求分析	（1）物流信息系统需求整理	1
		（2）物流信息系统的功能与流程设计	2
		（3）物流信息系统需求规格说明书撰写与评价	2
	5-2　物流数据分析与挖掘	（1）物流数据预处理	2
		（2）物流数据挖掘	4

续表

模块	课程	学习单元	课堂学时
6．培训指导	6–1　培训	（1）培训计划编制	1
		（2）培训讲义编制	1
		（3）培训教学	1
	6–2　指导	物流业务知识和专业技能指导	2
课堂学时合计			72

（4）一级 / 高级技师职业技能培训课程

模块	课程	学习单元	课堂学时
1．物流战略管理	1–1　物流发展战略规划	（1）物流市场及竞争环境分析	2
		（2）物流发展定位及战略目标	2
		（3）物流资源规划	2
		（4）物流发展规划报告撰写	2
	1–2　物流战略规划组织实施	（1）物流业务统筹管理	2
		（2）物流资源配置	2
		（3）物流战略目标评估	2
	1–3　物流风险管理	（1）物流风险管理体系	2
		（2）物流风险识别与分析	2
		（3）物流风险应对	2
2．生产物流管理	2–1　战略采购管理	（1）自制与外购决策	2
		（2）供应商管理	2
	2–2　精益物流管理	（1）精益物流战略	1
		（2）精益物流组织架构设计	1
		（3）精益物流实施	1
3．物流信息技术应用	3–1　物流信息战略规划与实施	（1）物流信息战略规划	1
		（2）物流信息资源管理与配置	2
		（3）物流信息战略评估	2
	3–2　物流大数据技术应用	（1）物流大数据	1
		（2）数据可视化	2
		（3）数据化运营	1
		（4）分仓商品需求预测	4
		（5）区域物流量预测	4
		（6）仓储货位分配分析	4

续表

模块	课程	学习单元	课堂学时
4．培训指导	4–1　培训	（1）培训体系设计	1
		（2）培训方案编制与实施	1
	4–2　指导	业务指导体系设计与实施	2
课堂学时合计			52

1.1.3　培训课程选择指导

职业基本素质培训课程为必修课程，相当于本职业的入门课程。各级别职业技能培训课程由培训机构教师根据培训学员实际情况，遵循高级别涵盖低级别的原则进行选择。

原则上，初入职的培训学员应学习职业基本素质培训课程的全部内容，有职业技能等级提升需求的培训学员，可按照国家职业技能标准的“鉴定要求”，对照自身需求选择更高等级的培训课程。

具有一定从业经验、无职业技能等级晋升要求的培训学员，可根据自身实际情况自主选择本职业培训课程。具体方法为：（1）选择课程模块；（2）在模块中选择课程；（3）在课程中选择学习单元；（4）组合成本次培训的整个课程。

培训教师可以根据以上方法对培训学员进行单独指导。对于订单培训，培训教师可以按照以上方法，对照订单要求进行培训课程的选择。

1.2　职业指南

1.2.1　职业描述

物流服务师是在生产、流通和服务领域中，从事物品采购、货运代理、物流信息服务，并组织进行仓储运输、配送包装、装卸搬运、流通加工等工作的人员。

1.2.2　职业培训对象

参加物流服务师职业培训的对象主要包括：城乡未继续升学的应届高中毕业生、农村转移就业劳动者、城镇登记失业人员、转岗转业人员、退役军人、企业在职职工和高校毕业生等各类有培训需求的人员。

1.2.3 就业前景

物流服务师可以在速递、仓库、港口、运输、装卸搬运、流通加工、配送、物料控制、船务、报关、大数据等部门工作，还可以视情况晋升为第三方物流企业物流经理、总监、主管，其他从事物流管理的中高层管理人员，以及向第三方物流转型的企业中的管理人员等。

1.3 培训机构设置指南

1.3.1 师资配备要求

（1）培训教师任职基本条件

1）培训物流服务师三级 / 高级的教师应具有本职业二级 / 技师及以上职业资格证书（技能等级证书）或相关专业中级及以上专业技术职务任职资格。

2）培训物流服务师二级 / 技师的教师应具有本职业一级 / 高级技师职业资格证书（技能等级证书）或相关专业高级专业技术职务任职资格。

3）培训物流服务师一级 / 高级技师的教师应具有本职业一级 / 高级技师职业资格证书（技能等级证书）2 年以上或相关专业高级专业技术职务任职资格。

（2）培训教师数量要求（以 30 人培训班为基准）

1）理论课教师：1 人以上；培训规模超过 30 人的，按教师与学员之比不低于 1：30 配备教师。

2）实习指导教师：1 人以上；培训规模超过 30 人的，按教师与学员之比不低于 1：30 配备教师。

1.3.2 培训场所设备配置要求

培训场所设备配置要求如下（以 30 人培训班为基准）：

（1）理论知识培训场所设备配置要求：$60m^2$ 以上标准教室，多媒体教学设备（计算机、投影仪、幕布或显示屏、网络接入设备、音响设备等），黑板，30 套以上桌椅，符合照明、通风、安全等相关规定。

（2）操作技能培训场所设备配置要求：实训工位充足，设备设施配套齐全，符合环保、劳保、安全、卫生、消防、通风、照明等相关规定及安全规程。

操作技能培训场所设备配置应符合本职业各级别主要实训教室工位数及主要设备配置要求对照表所列要求（按标准培训班 30 人配备）。

三级／高级主要实训教室工位数及主要设备配置要求对照表

教室名称	工位数量	主要设备、系统配置	备注
综合实训室	30	主要设备：计算机 30 台 系统：物流信息系统、数据分析系统等	1 人 / 工位，可支持仓储与配送业务实训、运输业务实训、货运代理业务实训、物流信息技术实训
消防安全实训室	—	泡沫灭火器 10 个、干粉灭火器 10 个、二氧化碳灭火器 10 个、消防头盔 30 个	—

二级／技师主要实训教室工位数及主要设备配置要求对照表

教室名称	工位数量	主要设备、系统配置	备注
综合实训室	30	主要设备：计算机 30 台 系统：供应链管理系统、数据挖掘系统等	1 人 / 工位，可支持仓储与配送业务实训、运输业务实训、货运代理业务实训、物流信息技术实训

一级／高级技师主要实训教室工位数及主要设备配置要求对照表

教室名称	工位数量	主要设备、系统配置	备注
综合实训室	30	主要设备：计算机 30 台 系统：数据挖掘系统等	1 人 / 工位

1.3.3 教学资料配备要求

（1）培训规范：《物流服务师国家职业技能标准》《物流服务师职业基本素质培训要求》《物流服务师职业技能培训要求》《物流服务师职业基本素质培训课程规范》《物流服务师职业技能培训课程规范》《物流服务师职业基本素质培训考核规范》《物流服务师职业技能培训理论知识考核规范》《物流服务师职业技能培训操作技能考核规范》。

（2）教学资源：教材教辅、网络资源等内容必须符合“（1）培训规范”。

1.3.4 管理人员配备要求

（1）专职校长：1 人，应具有大专及以上文化程度、中级及以上专业技术职务任职资格，从事职业技术教育及教学管理 5 年以上，熟悉职业培训的有关法律法规。

（2）教学管理人员：1 人以上，专职不少于 1 人；应具有大专及以上文化程度、中级及以上专业技术职务任职资格，从事职业技术教育及教学管理 5 年以上，具有丰富的教学管理经验。

（3）办公室人员：1 人以上，应具有大专及以上文化程度。

（4）财务管理人员：1 人以上，应具有大专及以上文化程度。

1.3.5 管理制度要求

应建立健全完备的管理制度，包括办学章程与发展规划、教学管理、教师管理、学员管理、财务管理、设备管理等制度。

2

课程包

2.1 培训要求

2.1.1 职业基本素质培训要求

职业基本素质模块	培训内容	培训细目
1．职业认知与职业道德	1-1 职业认知	（1）物流业认知 （2）物流服务师的工作内容
	1-2 职业道德基本知识	（1）道德 （2）社会主义核心价值观 （3）职业道德 （4）物流服务师职业道德规范
	1-3 职业守则	物流服务师职业守则
2．物流管理基础知识	2-1 仓储与配送管理基础知识	（1）仓储与配送认知 （2）仓储设施设备 （3）仓储企业岗位设置 （4）仓储与配送作业流程
	2-2 运输管理基础知识	（1）运输认知 （2）运输设施设备 （3）运输企业岗位设置 （4）运输作业流程
	2-3 货运代理基础知识	（1）航空物流业务 （2）海运物流业务 （3）陆运物流业务 （4）多式联运业务
	2-4 供应链管理基础知识	（1）供应链及其管理 （2）需求预测 （3）供应链计划制订 （4）生产管理 （5）库存管理
	2-5 物流信息技术基础知识	（1）条码技术 （2）自动识别技术 （3）GIS 和 GPS 技术 （4）EDI 技术 （5）大数据技术

续表

职业基本素质模块	培训内容	培训细目
3．安全生产与环境保护基础知识	3-1　物流安全生产基础知识	（1）人员安全管理 （2）设备安全管理 （3）物料安全管理
	3-2　物流服务师职业健康基础知识	（1）仪容仪表 （2）心理健康 （3）仓库 7S 管理
	3-3　环境保护基础知识	（1）环境保护概述 （2）绿色物流
4．相关法律、法规知识	4-1　相关法律知识	（1）《中华人民共和国劳动合同法》相关知识 （2）《中华人民共和国安全生产法》相关知识 （3）《中华人民共和国道路交通安全法》相关知识 （4）《中华人民共和国海商法》相关知识 （5）《中华人民共和国海关法》相关知识
	4-2　相关法规知识	（1）《快递暂行条例》相关知识 （2）《铁路集装箱运输规则》相关知识

2.1.2　三级／高级职业技能培训要求

职业功能模块	培训内容	技能目标	培训细目
1．仓储与配送管理	1-1　仓储与配送作业管理	1-1-1　能编制仓储与配送作业计划	（1）编制入库作业计划 （2）编制出库作业计划
		1-1-2　能组织资源实施仓储与配送作业计划	（1）仓储人员安排 （2）仓库工作任务安排
		1-1-3　能处理仓储与配送作业中爆仓、货损、货差、设备故障等异常情况	（1）爆仓处理 （2）货损、货差处理 （3）设备故障处理
		1-1-4　能实施仓储与配送作业绩效考核	（1）认识 KPI（关键绩效指标） （2）了解仓储与配送作业绩效考核指标 （3）实施仓储与配送作业绩效考核

续表

职业功能模块	培训内容	技能目标	培训细目
1．仓储与配送管理	1-1　仓储与配送作业管理	1-1-5　能制定防火、防汛日常安全管理规范并及时处理安全隐患	（1）制定防火、防汛日常安全管理规范 （2）火灾隐患处理
		1-1-6　能组织仓储与配送作业安全培训与演练	（1）仓储与配送作业安全培训 （2）仓储与配送作业安全演练
	1-2　仓储与配送作业质量管理	1-2-1　能对仓储与配送作业质量进行控制	（1）仓储质量管理 （2）制定仓储作业质量检查表 （3）监控仓储作业质量 （4）配送质量管理
		1-2-2　能对仓储与配送作业质量问题进行责任界定	（1）认识仓储部门岗位工作职责 （2）认识配送部门岗位工作职责
		1-2-3　能分析仓储与配送作业质量偏差原因并制定改进措施	（1）分析仓储作业质量偏差原因 （2）制定仓储作业质量偏差处理措施 （3）分析配送作业质量偏差原因 （4）制定配送作业质量偏差处理措施
2．运输管理	2-1　运输作业管理	2-1-1　能编制运输作业计划	（1）识别运输作业计划的类型 （2）编制运输作业计划
		2-1-2　能组织资源实施运输作业计划	（1）运输调度 （2）路由设计
		2-1-3　能监控运输过程状态并处理异常情况	（1）车辆在途监控 （2）运输异常情况处理
		2-1-4　能实施运输作业绩效考核	（1）确定运输作业绩效考核指标 （2）实施运输作业绩效考核
		2-1-5　能制定车辆运输日常安全管理规范并及时处理安全隐患	（1）制定车辆运输日常安全管理规范 （2）车辆安全隐患排查与处理
		2-1-6　能组织车辆运输安全培训与演练	（1）车辆运输安全培训 （2）车辆运输安全演练

续表

职业功能模块	培训内容	技能目标	培训细目
2．运输管理	2–2 运输作业质量管理	2–2–1 能对运输作业质量进行控制	（1）明确运输作业标准 （2）控制运输作业质量
		2–2–2 能对运输作业质量问题进行责任界定	（1）追踪运输作业质量 （2）界定运输作业质量问题的责任
		2–2–3 能分析运输作业质量偏差原因并制定改进措施	（1）对比分析运输作业质量考核关键指标 （2）分析运输作业质量偏差原因 （3）制定改进措施
3．货运代理	3–1 货运代理作业管理	3–1–1 能编制货运代理作业计划	（1）编制货运代理海运作业计划 （2）编制货运代理航空作业计划
		3–1–2 能组织资源实施货运代理作业计划	（1）货运代理海运作业操作 （2）货运代理航空作业操作
		3–1–3 能处理货运代理作业异常情况	（1）识别货运代理作业常见异常情况 （2）处理货运代理作业常见异常情况
		3–1–4 能实施货运代理作业绩效考核	实施货运代理作业绩效考核
	3–2 货运代理作业质量管理	3–2–1 能对货运代理作业质量进行控制	运用质量管理的方法进行货运代理作业质量控制
		3–2–2 能对货运代理作业质量问题进行责任界定	确定货运代理作业质量问题责任人
		3–2–3 能分析货运代理作业质量偏差原因并制定改进措施	（1）分析货运代理作业质量偏差原因 （2）制定货运代理作业质量改进措施
4．生产物流管理	4–1 采购供应管理	4–1–1 能编制采购计划	（1）认识采购计划 （2）编制采购计划
		4–1–2 能采集供应商信息并实施供应商评价	（1）采集供应商信息 （2）评价供应商

续表

职业功能模块	培训内容	技能目标	培训细目
4．生产物流管理	4-1　采购供应管理	4-1-3　能实施采购	（1）确定采购流程 （2）采购谈判 （3）签订采购合同
		4-1-4　能安排物料配送	（1）认识物料配送 （2）准时制配送
	4-2　物料管理与控制	4-2-1　能编制物料需求计划	（1）物料需求计划的概念 （2）物料需求计划的原理 （3）物料需求计划的编制过程 （4）物料需求计划的相关计算方法
		4-2-2　能进行物料库存控制	物料库存控制
		4-2-3　能控制物料质量	（1）全面质量管理 （2）会使用质量管理常用工具 （3）制定抽样方法 （4）提出质量改进方法
5．物流信息技术应用	5-1　物流信息系统实施	5-1-1　能对物流信息系统的功能、流程和业务规则进行设置	（1）物流信息系统配置 （2）物流信息系统测试
		5-1-2　能初始化物流信息系统	（1）认识初始化 （2）能进行物流信息系统初始化
		5-1-3　能组织实施物流信息系统业务培训	（1）培训准备 （2）选择合适的培训方法
	5-2　物流数据统计与分析	5-2-1　能根据业务需求收集整理物流数据	（1）了解物流数据指标 （2）收集物流数据 （3）整理物流数据
		5-2-2　能根据业务需求统计物流数据	统计物流数据
		5-2-3　能根据业务需求分析物流数据	分析物流数据

2.1.3 二级/技师职业技能培训要求

职业功能模块	培训内容	技能目标	培训细目
1．仓储与配送管理	1-1 仓储与配送业务运营	1-1-1 能制定仓储与配送业务标准操作程序（SOP）	（1）绘制仓储与配送业务标准操作流程图 （2）编写仓储与配送业务标准化操作手册
		1-1-2 能组织实施仓储与配送业务标准操作程序	组织实施仓储与配送业务标准操作程序
		1-1-3 能制定仓储与配送业务运营绩效指标并实施绩效评估	（1）制定仓储与配送业务运营绩效指标 （2）评估仓储与配送业务运营绩效
		1-1-4 能制订仓储与配送安全应急预案并组织实施	（1）制订仓储与配送安全应急预案 （2）处理仓储与配送安全事故
	1-2 仓库规划设计	1-2-1 能分析仓储业务需求	（1）商品基本情况分析 （2）订单分析 （3）仓库能力分析
		1-2-2 能进行仓库选址	仓库选址
		1-2-3 能进行仓库布局设计	（1）确定仓库功能区 （2）仓库功能区位置规划 （3）仓库布局规划
		1-2-4 能进行仓储设备配置	（1）集装单元化设备选型与数量确定 （2）货架选型与数量确定 （3）搬运设备选型与数量确定 （4）“货到人”拣选设备配置 （5）仓储设备成本预算
2．运输管理	2-1 运输业务运营	2-1-1 能制定运输业务标准操作程序	制定运输业务标准操作程序
		2-1-2 能组织实施运输业务标准操作程序	组织实施运输业务标准操作程序
		2-1-3 能制定运输业务运营绩效评价指标并实施绩效评估	（1）建立运输业务运营绩效评价指标体系 （2）评估运输业务运营绩效

续表

职业功能模块	培训内容	技能目标	培训细目
2．运输管理	2–1 运输业务运营	2–1–4 能制订运输安全应急预案并组织实施	（1）制订运输安全应急预案 （2）处理运输安全事故
	2–2 运输线路设计	2–2–1 能分析运输业务需求	（1）认识运输业务需求 （2）预测运输业务需求
		2–2–2 能选择运输方式	选择运输方式
		2–2–3 能设计运输节点及线路	设计运输节点及线路
3．货运代理	3–1 货运代理业务运营	3–1–1 能制定货运代理业务标准操作程序	制定货运代理业务标准操作程序
		3–1–2 能组织实施货运代理业务标准操作程序	组织实施货运代理业务标准操作程序
		3–1–3 能制定货运代理业务运营绩效指标并实施绩效评估	（1）制定货运代理业务运营绩效指标 （2）评估货运代理业务运营绩效
	3–2 货运代理业务规划	3–2–1 能分析货运代理业务需求	分析货运代理业务需求
		3–2–2 能设计货运代理业务操作流程	（1）设计海运进出口业务操作流程 （2）设计航空进出口业务操作流程 （3）设计多式联运业务操作流程
		3–2–3 能开发与管理货运代理业务供应商	（1）了解外包需求 （2）选择供应商 （3）管理供应商 （4）供应商考评
4．生产物流管理	4–1 采购业务规划	4–1–1 能进行供应商开发与选择	（1）供应商调查 （2）供应商稽核
		4–1–2 能分析采购成本	（1）认识采购成本 （2）分析采购成本的影响因素 （3）提出降低采购成本的方法
		4–1–3 能制定采购策略	制定采购策略

续表

职业功能模块	培训内容	技能目标	培训细目
4．生产物流管理	4-2　物料库存设计	4-2-1　能进行物料库存分析	对库存物料进行 ABC 分类
		4-2-2　能制定物料库存控制策略	（1）建立确定性需求下的库存控制模型 （2）建立随机需求下的库存控制模型
5．物流信息技术应用	5-1　物流信息系统需求分析	5-1-1　能提出物流信息系统需求	（1）收集物流信息系统需求 （2）编写标准的产品需求文档
		5-1-2　能进行物流信息系统功能与流程设计	（1）梳理物流信息系统的功能与流程 （2）绘制业务流程图及系统功能思维导图
		5-1-3　能撰写并评价物流信息系统需求规格说明书	（1）认识物流信息系统需求规格说明书 （2）撰写物流信息系统需求规格说明书 （3）评价物流信息系统需求规格说明书
	5-2　物流数据分析与挖掘	5-2-1　能进行物流数据预处理	（1）描述物流数据预处理流程 （2）明确物流数据预处理标准 （3）运用数据处理方法对物流数据进行预处理
		5-2-2　能应用数据挖掘技术进行物流业务预测、规划及调度	物流数据挖掘
6．培训指导	6-1　培训	6-1-1　能编制培训计划	编制培训计划
		6-1-2　能编制培训讲义	编制培训讲义
		6-1-3　能对本职业或相关职业三级/高级工及以下级别人员进行专业知识和技能培训	实施培训教学
	6-2　指导	6-2-1　能编制物流业务指导方案	编制物流业务指导方案
		6-2-2　能对本职业或相关职业三级/高级工及以下级别人员进行业务指导	实施物流业务指导

2.1.4 一级 / 高级技师职业技能培训要求

职业功能模块	培训内容	技能目标	培训细目
1. 物流战略管理	1-1 物流发展战略规划	1-1-1 能对物流市场及竞争环境进行分析	(1) 物流市场分析 (2) 物流竞争环境分析
		1-1-2 能确定物流发展定位及目标	(1) 物流发展定位 (2) 明确物流战略目标
		1-1-3 能进行物流资源规划	(1) 识别物流资源 (2) 物流资源规划
		1-1-4 能撰写物流发展规划报告	撰写物流发展规划报告
	1-2 物流战略规划组织实施	1-2-1 能对物流业务进行统筹管理	(1) 制订物流项目工作计划 (2) 实施目标管理
		1-2-2 能对物流资源进行配置	物流资源配置
		1-2-3 能实施物流战略目标评估	评估物流战略目标
	1-3 物流风险管理	1-3-1 能设计物流风险管理体系	(1) 认识物流风险管理体系 (2) 设计物流风险管理体系
		1-3-2 能对物流风险进行识别及分析	(1) 物流风险识别 (2) 物流风险分析
		1-3-3 能针对物流风险提出应对方案	物流风险应对
2. 生产物流管理	2-1 战略采购管理	2-1-1 能对自制与外购策略进行选择	自制与外购决策
		2-1-2 能对战略供应商进行选择及关系管理	(1) 供应商管理策略认知 (2) 供应商关系管理
	2-2 精益物流管理	2-2-1 能制定精益物流战略	(1) 精益思想认知 (2) 精益物流战略制定
		2-2-2 能设计精益物流组织架构	(1) 确定精益物流的目标 (2) 掌握精益物流的方法 (3) 设计精益物流组织架构
		2-2-3 能实施精益物流	实施精益物流

续表

职业功能模块	培训内容	技能目标	培训细目
3．物流信息技术应用	3-1　物流信息战略规划与实施	3-1-1　能制订物流信息战略规划	制订物流信息战略规划
		3-1-2　能对物流信息资源进行管理与配置	（1）认识信息资源 （2）认识物流信息资源 （3）认识物流信息资源管理 （4）认识基于供应链的物流信息资源管理 （5）物流信息资源配置
		3-1-3　能实施物流信息战略评估	评估物流信息战略
	3-2　物流大数据技术应用	3-2-1　能对物流数据资产进行管理	（1）物流数据采集 （2）物流数据管理
		3-2-2　能分析物流数据价值并制定数据化运营策略	（1）数据可视化呈现 （2）制定数据化运营策略
		3-2-3　能对物流数据应用进行创新	（1）应用回归分析预测法分析物流数据 （2）应用聚类方法分析物流数据
4．培训指导	4-1　培训	4-1-1　能设计培训体系	设计培训体系
		4-1-2　能对本职业或相关职业二级／技师及以下级别人员进行专业知识和技能培训	（1）编制培训方案 （2）实施培训方案
	4-2　指导	4-2-1　能设计业务指导体系	设计业务指导体系
		4-2-2　能对本职业或相关职业二级／技师及以下级别人员进行业务指导	实施业务指导

2.2 课程规范

2.2.1 职业基本素质培训课程规范

模块	课程	学习单元	课程内容	培训建议	课堂学时
1. 职业认知与职业道德	1-1 职业认知	职业认知	1）物流业认知	（1）方法：讲授法 （2）重点与难点：物流服务师的工作内容	1
			2）物流服务师的工作内容		
	1-2 职业道德基本知识	道德与职业道德	1）道德 ①道德的含义 ②“四德”建设的主要内容 ③公民道德规范	（1）方法：讲授法、案例教学法 （2）重点与难点：物流服务师职业道德规范	1
			2）社会主义核心价值观		
			3）职业道德 ①职业道德的概念 ②各行业共同的职业道德内容 ③服务态度、服务质量与职业道德的关系 ④加强职业道德修养		
			4）物流服务师职业道德规范		
	1-3 职业守则	物流服务师职业守则	1）诚实守信，遵纪守法	（1）方法：讲授法、案例教学法 （2）重点与难点：物流服务师职业守则	1
			2）爱岗敬业，忠于职守		
			3）安全生产，规范操作		
			4）钻研业务，优质服务		
2. 物流管理基础知识	2-1 仓储与配送管理基础知识	（1）仓储与配送认知	1）仓储与配送的概念 ①仓储的概念 ②配送的概念	（1）方法：讲授法 （2）重点与难点：仓库的类型	1
			2）仓储的作用		
			3）仓库的类型		

续表

<table>
<tr><th>模块</th><th>课程</th><th>学习单元</th><th>课程内容</th><th>培训建议</th><th>课堂学时</th></tr>
<tr><td rowspan="18">2．物流管理基础知识</td><td rowspan="13">2-1　仓储与配送管理基础知识</td><td rowspan="5">（2）仓储设施设备</td><td>1）仓储设施</td><td rowspan="5">（1）方法：讲授法、参观法
（2）重点与难点：仓储设施设备</td><td rowspan="5">2</td></tr>
<tr><td>2）集装单元化设备
①托盘
②周转箱</td></tr>
<tr><td>3）存储设备
①轻型货架
②流利式货架
③立体货架
④旋转货架
⑤悬臂式货架</td></tr>
<tr><td>4）搬运设备
①手推车
②手动液压叉车
③电动叉车
④ AGV（自动导引运输车）
⑤堆高车
⑥提升机</td></tr>
<tr><td>5）分拣设备
①自动分拣机
②分拣机器人</td></tr>
<tr><td rowspan="2">（3）仓储企业岗位设置</td><td>1）仓储企业岗位结构</td><td rowspan="2">（1）方法：讲授法、参观法
（2）重点与难点：仓储企业各岗位人员的岗位职责</td><td rowspan="2">1</td></tr>
<tr><td>2）仓储企业各岗位人员的岗位职责</td></tr>
<tr><td rowspan="7">（4）仓储与配送作业流程</td><td>1）入库作业流程</td><td rowspan="7">（1）方法：讲授法
（2）重点与难点：拣选作业流程</td><td rowspan="7">1</td></tr>
<tr><td>2）上架作业流程</td></tr>
<tr><td>3）补货作业流程</td></tr>
<tr><td>4）盘点作业流程</td></tr>
<tr><td>5）拣选作业流程</td></tr>
<tr><td>6）复核包装流程</td></tr>
<tr><td>7）出库作业流程</td></tr>
<tr><td rowspan="5">2-2　运输管理基础知识</td><td rowspan="5">（1）运输认知</td><td>1）运输的概念</td><td rowspan="5">（1）方法：讲授法
（2）重点与难点：运输合理化</td><td rowspan="5">1</td></tr>
<tr><td>2）运输的功能</td></tr>
<tr><td>3）运输的原则</td></tr>
<tr><td>4）运输的分类</td></tr>
<tr><td>5）运输合理化</td></tr>
</table>

续表

模块	课程	学习单元	课程内容	培训建议	课堂学时
2．物流管理基础知识	2-2　运输管理基础知识	（2）运输设施设备	1）公路运输设施设备	（1）方法：讲授法 （2）重点与难点：公路运输设施设备	1
			2）铁路运输设施设备		
			3）水路运输设施设备		
			4）航空运输设施设备		
			5）管道运输设施设备		
		（3）运输企业岗位设置	1）运输企业的基本组织结构类型	（1）方法：讲授法、参观法 （2）重点与难点：运输企业各岗位人员的岗位职责	1
			2）运输企业不同类型组织结构的优、缺点		
			3）运输企业组织结构设计的基本步骤		
			4）运输企业部门划分的方法		
			5）运输企业各岗位人员的岗位职责		
		（4）运输作业流程	1）订单受理	（1）方法：讲授法 （2）重点与难点：入站集货、货物派送	1
			2）入站集货		
			3）货物在途		
			4）干线到达		
			5）网点到达		
			6）货物派送		
	2-3　货运代理基础知识	（1）航空物流业务	1）国际航空货物运输的概念和特点	（1）方法：讲授法、案例教学法 （2）重点与难点：国际空运进出口业务流程	2
			2）国际航空货物运输的方式		
			3）国际航空区划与主要航线		
			4）国际空运进出口业务流程		
			5）国际空运运费计算方法		

续表

模块	课程	学习单元	课程内容	培训建议	课堂学时
2．物流管理基础知识	2-3 货运代理基础知识	（2）海运物流业务	1）国际海上货物运输的概念和特点	（1）方法：讲授法、案例教学法 （2）重点与难点：国际海运进出口业务流程	2
			2）国际海上货物运输的作用		
			3）国际海上运输船舶与航线		
			4）国际海运进出口业务流程		
			5）国际海运运费计算方法		
		（3）陆运物流业务	1）国际公路货物运输概述	（1）方法：讲授法、案例教学法 （2）重点与难点：国际公路货运代理业务	1
			2）国际公路货物运输的类别		
			3）国际公路货运代理业务		
			4）对外贸易公路运输和口岸分布		
		（4）多式联运业务	1）多式联运的概念和特点	（1）方法：讲授法、案例教学法 （2）重点与难点：多式联运的业务程序	1
			2）多式联运的分类		
			3）多式联运的业务程序		
	2-4 供应链管理基础知识	（1）供应链及其管理	1）供应链 ①供应链的概念和特征 ②供应链的基本结构 ③供应链的类型	（1）方法：讲授法 （2）重点与难点：供应链管理流程	1
			2）供应链管理 ①供应链管理的概念 ②供应链管理的目标 ③供应链管理的特征 ④供应链管理的主要内容 ⑤供应链管理模式 ⑥供应链管理流程		

续表

模块	课程	学习单元	课程内容	培训建议	课堂学时
2. 物流管理基础知识	2-4 供应链管理基础知识	(2) 需求预测	1) 需求预测的概念 2) 需求预测的流程 3) 需求预测的作用 4) 需求预测的内容 5) 需求预测的特点 6) 需求预测的内、外影响因素	(1) 方法：讲授法 (2) 重点与难点：需求预测的内容	2
		(3) 供应链计划制订	1) 综合计划 ①综合计划的定义 ②综合计划的制订策略 ③生产能力的定义 ④决定生产能力的因素 ⑤生产能力的核算方法 ⑥制订综合计划需考虑的成本 ⑦综合计划的成本计算方法 2) 销售与运作计划 ①计划值的定义 ②销售与运作计划的作用 ③销售与运作计划的基本要素 ④销售与运作计划的周期 ⑤销售与运作计划的流程	(1) 方法：讲授法、实训法 (2) 重点与难点：综合计划的制订策略、销售与运作计划的流程	2
		(4) 生产管理	1) 主生产计划 ①主生产计划的定义 ②主生产计划的计划对象 ③主生产计划的编制原则 ④主生产计划的基本原理 ⑤制订主生产计划的基本流程 2) 生产排程 ①生产排程的依据和原则 ②生产排程的方法	(1) 方法：讲授法、案例教学法 (2) 重点与难点：生产排程的方法	2

续表

模块	课程	学习单元	课程内容	培训建议	课堂学时
2．物流管理基础知识	2-4 供应链管理基础知识	（4）生产管理	3）生产质量管理 ①生产质量管理的基本概念 ②生产质量管理的发展阶段 ③生产质量管理的评价体系 ④生产质量管理常用的七种工具		
		（5）库存管理	1）库存 ①库存的概念 ②库存的作用 ③库存的分类	（1）方法：讲授法、案例教学法 （2）重点与难点：库存成本管理	1
			2）库存成因分析		
			3）库存供需关系		
			4）库存管理的任务		
			5）库存成本管理 ①库存成本的概念 ②库存成本的构成 ③库存持有成本的含义 ④库存持有成本的组成部分 ⑤库存持有成本的影响因素		
	2-5 物流信息技术基础知识	（1）条码技术	1）条形码的概念和特点 ①条形码的概念 ②条形码的特点	（1）方法：讲授法、案例教学法 （2）重点与难点：条码技术的原理	1
			2）条形码的分类		
			3）条形码的编制		
			4）条码技术 ①条码技术的概念 ②条码技术的特点 ③条码技术的原理		
		（2）自动识别技术	1）自动识别技术的概念	（1）方法：讲授法、案例教学法 （2）重点与难点：常见的自动识别技术	1
			2）常见的自动识别技术		
			3）射频识别技术在物流中的应用		

续表

模块	课程	学习单元	课程内容	培训建议	课堂学时
2. 物流管理基础知识	2-5 物流信息技术基础知识	(3) GIS和GPS技术	1) GIS技术 ① GIS的概念 ② GIS的组成 ③ GIS的工作原理 ④ GIS技术在物流中的应用	(1) 方法：讲授法、案例教学法 (2) 重点与难点：GIS技术在物流中的应用、GPS技术在物流中的应用	1
			2) GPS技术 ① GPS的概念 ② GPS的组成 ③ GPS的工作原理 ④ GPS技术在物流中的应用		
		(4) EDI技术	1) EDI概述 ① EDI的定义 ② EDI的特点	(1) 方法：讲授法、案例教学法 (2) 重点与难点：EDI技术在物流中的应用	1
			2) EDI系统构成		
			3) EDI技术的工作原理		
			4) EDI技术在物流中的应用		
		(5) 大数据技术	1) 大数据的概念和特点	(1) 方法：讲授法、案例教学法 (2) 重点与难点：大数据技术在物流中的应用	1
			2) 大数据的类型		
			3) 大数据技术在物流中的应用		
3. 安全生产与环境保护基础知识	3-1 物流安全生产基础知识	(1) 人员安全管理	1) 物流中心常见安全隐患	(1) 方法：讲授法、案例教学法 (2) 重点与难点：工伤事故处理	1
			2) 事故等级划分		
			3) 工伤事故处理		
		(2) 设备安全管理	1) 货架安全使用规范	(1) 方法：讲授法、案例教学法 (2) 重点与难点：叉车安全使用规范	1
			2) 叉车安全使用规范		
		(3) 物料安全管理	1) 物料安全堆放标准	(1) 方法：讲授法、案例教学法 (2) 重点与难点：物料安全堆放标准	1
			2) 仓库防霉措施		
			3) 仓库防潮措施		
			4) 仓库防盗措施		

续表

模块	课程	学习单元	课程内容	培训建议	课堂学时
3．安全生产与环境保护基础知识	3-2 物流服务师职业健康基础知识	（1）仪容仪表	1）仪容仪表的概念	（1）方法：讲授法、演示法、角色扮演法 （2）重点与难点：物流相关岗位仪容仪表要求	1
			2）物流相关岗位仪容仪表要求		
		（2）心理健康	1）心理健康的概念	（1）方法：讲授法、案例教学法 （2）重点与难点：缓解压力的方法	1
			2）心理健康的标准		
			3）缓解压力的方法		
		（3）仓库7S管理	1）整理	（1）方法：讲授法 （2）重点与难点：仓库7S管理	1
			2）整顿		
			3）清扫		
			4）清洁		
			5）素养		
			6）安全		
			7）节约		
	3-3 环境保护基础知识	（1）环境保护概述	1）环境问题	（1）方法：讲授法、案例教学法 （2）重点与难点：环境保护的措施	1
			2）环境污染的类型		
			3）环境保护的措施		
		（2）绿色物流	1）绿色物流的概念	（1）方法：讲授法、案例教学法 （2）重点与难点：绿色物流的模式	1
			2）绿色物流的特点		
			3）绿色物流的模式		
4．相关法律、法规知识	4-1 相关法律知识	相关法律知识	1）《中华人民共和国劳动合同法》相关知识	（1）方法：讲授法、案例教学法 （2）重点与难点：《中华人民共和国劳动合同法》相关知识	2
			2）《中华人民共和国安全生产法》相关知识		
			3）《中华人民共和国道路交通安全法》相关知识		
			4）《中华人民共和国海商法》相关知识		
			5）《中华人民共和国海关法》相关知识		

续表

模块	课程	学习单元	课程内容	培训建议	课堂学时
4．相关法律、法规知识	4-2 相关法规知识	相关法规知识	1)《快递暂行条例》相关知识 2)《铁路集装箱运输规则》相关知识	（1）方法：讲授法、案例教学法 （2）重点与难点：《快递暂行条例》相关知识	1
课堂学时合计					42

2.2.2 三级/高级职业技能培训课程规范

模块	课程	学习单元	课程内容	培训建议	课堂学时
1．仓储与配送管理	1-1 仓储与配送作业管理	（1）仓储与配送作业计划编制与实施	1）入库作业计划 ①入库作业计划的内容 ②入库现场作业管理的要求 2）出库作业计划 ①出库作业计划的内容 ②出库现场作业管理的要求 3）仓储人员安排原则 4）仓库工作任务安排技巧	（1）方法：讲授法、实训法 （2）重点与难点：入库作业计划的内容、出库作业计划的内容	4
		（2）仓库异常情况的分类与处理	1）仓库异常情况的分类 2）仓库异常情况的处理 ①爆仓处理方法 ②货损、货差处理方法 ③设备故障处理方法	（1）方法：讲授法、案例教学法 （2）重点与难点：仓库异常情况的处理	2
		（3）仓储与配送作业绩效考核	1）KPI ① KPI 的定义及特点 ② KPI 的作用 2）KPI 考核的方法和流程 3）仓储与配送作业绩效考核指标 4）绩效面谈的目的、原则和内容 5）绩效面谈的技巧	（1）方法：讲授法、角色扮演法 （2）重点与难点：KPI 考核的方法和流程	2

续表

模块	课程	学习单元	课程内容	培训建议	课堂学时
1．仓储与配送管理	1-1　仓储与配送作业管理	（4）防火、防汛日常安全管理	1）防火、防汛日常安全管理规范 ①仓库防火日常安全管理规范 ②仓库防汛日常安全管理规范	（1）方法：讲授法、案例教学法、实训法 （2）重点与难点：火灾隐患处理	2
			2）火灾隐患处理		
		（5）仓储与配送作业安全培训与演练	1）仓储与配送作业安全培训 ①仓储与配送作业安全培训的注意事项 ②仓储与配送作业安全培训的内容	（1）方法：讲授法、案例教学法、实训法 （2）重点与难点：仓储与配送作业安全培训的内容	1
			2）仓储与配送作业安全演练 ①仓储与配送作业安全演练的注意事项 ②仓储与配送作业安全演练的组织		
	1-2　仓储与配送作业质量管理	（1）仓储与配送作业质量控制	1）仓储质量管理 ①仓储质量管理的概念 ②仓储质量管理的原则 ③仓储质量管理的基本方法	（1）方法：讲授法、案例教学法 （2）重点与难点：仓储作业质量监控要点	2
			2）仓储作业质量检查表		
			3）仓储作业质量监控要点 ①入库作业监控要点 ②在库保管监控要点 ③出库作业监控要点		
			4）配送质量管理 ①配送质量管理的概念 ②配送质量管理的内容		
			5）仓储部门岗位工作职责		
			6）配送部门岗位工作职责		

续表

模块	课程	学习单元	课程内容	培训建议	课堂学时
1．仓储与配送管理	1-2　仓储与配送作业质量管理	（2）仓储与配送作业质量偏差处理	1）偏差 ①偏差的概念 ②偏差的种类	（1）方法：讲授法、案例教学法 （2）重点与难点：仓储作业质量偏差的处理措施	2
			2）仓储作业质量偏差的原因		
			3）仓储作业质量偏差的处理措施		
			4）仓储作业质量偏差的预防措施		
			5）配送作业质量偏差的原因		
			6）配送作业质量偏差的处理措施		
2．运输管理	2-1　运输作业管理	（1）运输作业计划编制	1）运输作业计划的内容	（1）方法：讲授法、实训法 （2）重点与难点：运输作业计划的内容	1
			2）运输作业计划的类型		
			3）运输作业计划的编制流程		
		（2）运输调度和路由设计	1）运输调度 ①运输调度的流程 ②车辆调度的原则 ③驾驶员调度需考虑的因素	（1）方法：讲授法、实训法 （2）重点与难点：运输调度的流程、路由设计的方法	2
			2）路由设计 ①路由设计需考虑的因素 ②路由设计的方法		
		（3）车辆在途管理	1）车辆在途监控的内容	（1）方法：讲授法、案例教学法 （2）重点与难点：典型异常情况处理流程	1
			2）车辆在途的常见异常情况		
			3）典型异常情况处理流程		
		（4）运输作业绩效考核	1）运输绩效管理的概念	（1）方法：讲授法、角色扮演法 （2）重点与难点：运输作业绩效考核指标	1
			2）运输作业绩效考核指标		
			3）运输作业绩效考核实施步骤		

续表

模块	课程	学习单元	课程内容	培训建议	课堂学时
2．运输管理	2-1 运输作业管理	（5）车辆安全管理	1）车辆运输日常安全管理规范	（1）方法：讲授法、案例教学法 （2）重点与难点：车辆运输日常安全管理规范	1
			2）车辆安全隐患排查		
			3）车辆安全隐患处理		
		（6）车辆运输安全培训与演练	1）车辆运输安全培训 ①常见交通安全事故原因 ②驾驶员行为规范要求 ③驾驶员职业道德要求 ④驾驶知识与安全意识的要求	（1）方法：讲授法、角色扮演法、实训法 （2）重点与难点：车辆运输安全演练	1
			2）车辆运输安全演练 ①车辆运输安全演练目的 ②车辆运输安全演练内容 ③车辆运输安全演练准备 ④车辆运输安全演练步骤		
	2-2 运输作业质量管理	（1）运输作业质量控制	1）运输作业质量控制的概念	（1）方法：讲授法、案例教学法 （2）重点与难点：运输作业质量控制的要点	1
			2）运输作业标准		
			3）运输作业质量控制的流程		
			4）运输作业质量控制的要点 ①业务受理质量控制的要点 ②取货发运质量控制的要点 ③在途运输质量控制的要点 ④到件派送质量控制的要点		
		（2）运输作业质量追踪与责任界定	1）运输作业质量追踪记录	（1）方法：讲授法、案例教学法 （2）重点与难点：服务缺失责任分析原则与判定标准	1
			2）运输作业质量问题责任界定的流程		
			3）服务缺失责任分析原则与判定标准		

续表

模块	课程	学习单元	课程内容	培训建议	课堂学时
2．运输管理	2–2 运输作业质量管理	（3）运输作业质量偏差处理	1）运输作业质量考核关键指标	（1）方法：讲授法、案例教学法 （2）重点与难点：运输作业质量考核关键指标	2
			2）运输作业质量偏差原因分析		
			3）运输作业质量偏差处理流程		
			4）运输作业质量改进措施		
3．货运代理	3–1 货运代理作业管理	（1）货运代理作业计划编制	1）货运代理海运作业计划编制	（1）方法：讲授法、实训法 （2）重点与难点：货运代理海运作业计划编制	1
			2）货运代理航空作业计划编制		
		（2）货运代理海运作业操作	1）海运出口作业操作	（1）方法：讲授法、实训法 （2）重点与难点：海运出口作业操作、海运进口作业操作	4
			2）海运进口作业操作		
		（3）货运代理航空作业操作	1）航空出口作业操作	（1）方法：讲授法、实训法 （2）重点与难点：航空出口作业操作、航空进口作业操作	3
			2）航空进口作业操作		
		（4）货运代理作业异常情况处理	1）货运代理作业常见异常情况的种类	（1）方法：讲授法、案例教学法 （2）重点与难点：货运代理作业常见异常情况的处理方法	1
			2）货运代理作业常见异常情况的处理方法		
		（5）货运代理作业绩效考核	1）货运代理作业绩效考核的分类	（1）方法：讲授法、角色扮演法	2
			2）货运代理作业绩效考核的原则		
			3）货运代理作业绩效考核的方法		

续表

模块	课程	学习单元	课程内容	培训建议	课堂学时
3．货运代理	3-1　货运代理作业管理	（5）货运代理作业绩效考核	4）货运代理作业的主要绩效指标 ①货运代理单证员的主要绩效指标 ②货运代理客服员的主要绩效指标 ③货运代理操作员的主要绩效指标	（2）重点与难点：货运代理作业的主要绩效指标	
			5）货运代理作业绩效面谈的方法		
	3-2　货运代理作业质量管理	（1）货运代理作业质量控制与责任界定	1）货运代理作业质量控制相关岗位及其要求	（1）方法：讲授法、案例教学法 （2）重点与难点：确定货运代理作业质量问题责任人	1
			2）货运代理作业质量管理的方法 ①分层法 ②排列图法 ③ PDCA（计划、执行、检查、处理）循环法 ④ 5W1H（何人、何时、何地、何因、何事、何法）分析法		
			3）确定货运代理作业质量问题责任人		
		（2）货运代理作业质量偏差处理	1）分析货运代理作业质量偏差原因	（1）方法：讲授法、案例教学法 （2）重点与难点：制定货运代理作业质量改进措施	1
			2）制定货运代理作业质量改进措施		
4．生产物流管理	4-1　采购供应管理	（1）采购计划	1）采购计划的概念	（1）方法：讲授法、实训法 （2）重点与难点：采购计划的编制流程	1
			2）采购计划的分类		
			3）采购计划的作用		
			4）采购计划的编制流程		
		（2）供应商信息采集与评价	1）供应商信息采集渠道	（1）方法：讲授法、案例教学法 （2）重点与难点：供应商评价的方法	1
			2）供应商评价 ①供应商评价的概念 ②供应商评价的方法 ③供应商评价的维度		

续表

<table>
<tr><th>模块</th><th>课程</th><th>学习单元</th><th>课程内容</th><th>培训建议</th><th>课堂学时</th></tr>
<tr><td rowspan="13">4．生产物流管理</td><td rowspan="5">4-1 采购供应管理</td><td rowspan="3">（3）采购执行</td><td>1）采购流程</td><td rowspan="3">（1）方法：讲授法、角色扮演法
（2）重点与难点：采购谈判的策略与技巧</td><td rowspan="3">2</td></tr>
<tr><td>2）采购谈判
①采购谈判的概念和作用
②采购谈判的准备
③采购谈判的礼仪规范
④采购谈判的策略与技巧</td></tr>
<tr><td>3）采购合同的要素</td></tr>
<tr><td rowspan="2">（4）物料配送</td><td>1）物料配送的概念</td><td rowspan="2">（1）方法：讲授法、案例教学法
（2）重点与难点：准时制配送</td><td rowspan="2">1</td></tr>
<tr><td>2）准时制配送
①准时制配送的概念
②准时制配送的特征
③准时制配送的原则</td></tr>
<tr><td rowspan="8">4-2 物料管理与控制</td><td rowspan="4">（1）物料需求计划编制</td><td>1）物料需求计划的概念</td><td rowspan="4">（1）方法：讲授法、实训法
（2）重点与难点：物料需求计划的编制过程</td><td rowspan="4">2</td></tr>
<tr><td>2）物料需求计划的原理</td></tr>
<tr><td>3）物料需求计划的编制过程</td></tr>
<tr><td>4）物料需求计划的相关计算方法</td></tr>
<tr><td rowspan="3">（2）物料库存控制</td><td>1）库存控制的概念</td><td rowspan="3">（1）方法：讲授法、案例教学法
（2）重点与难点：物料库存控制</td><td rowspan="3">1</td></tr>
<tr><td>2）库存控制的作用</td></tr>
<tr><td>3）库存控制的方法</td></tr>
<tr><td rowspan="4">（3）物料质量控制</td><td>1）全面质量管理
①全面质量管理的概念
②全面质量管理的特点</td><td rowspan="4">（1）方法：讲授法、案例教学法
（2）重点与难点：质量管理常用工具</td><td rowspan="4">2</td></tr>
<tr><td>2）质量管理常用工具</td></tr>
<tr><td>3）抽样方法</td></tr>
<tr><td>4）质量改进方法</td></tr>
<tr><td rowspan="2">5．物流信息技术应用</td><td rowspan="2">5-1 物流信息系统实施</td><td rowspan="2">（1）物流信息系统配置与测试</td><td>1）物流信息系统配置方法</td><td rowspan="2">（1）方法：讲授法、实训法
（2）重点与难点：物流信息系统配置方法</td><td rowspan="2">1</td></tr>
<tr><td>2）物流信息系统测试
①与打印机的对接测试
②与手持终端的对接测试</td></tr>
</table>

续表

模块	课程	学习单元	课程内容	培训建议	课堂学时
5．物流信息技术应用	5-1 物流信息系统实施	（2）物流信息系统初始化	1）初始化的概念 2）物流信息系统初始化的原因 3）物流信息系统初始化的步骤	（1）方法：讲授法、实训法 （2）重点与难点：物流信息系统初始化的步骤	1
		（3）物流信息系统业务培训	1）培训准备 ①培训资料准备 ②培训环境准备 2）培训方法	（1）方法：讲授法、案例教学法 （2）重点与难点：培训准备	1
	5-2 物流数据统计与分析	（1）物流数据收集整理	1）物流数据指标 2）物流数据收集的方法 3）物流数据收集的渠道 4）整理物流数据	（1）方法：讲授法、实训法 （2）重点与难点：整理物流数据	2
		（2）物流数据统计	1）数据的集中趋势 2）数据的离散趋势 3）数据的偏度和峰度	（1）方法：讲授法、实训法 （2）重点与难点：数据的集中趋势	2
		（3）物流数据分析	1）数据分析的概念 2）数据分析的基本流程 3）物流数据分析应用 ①分析商品出库报表 ②分析商品库存报表	（1）方法：讲授法、实训法 （2）重点与难点：数据分析的基本流程	2
课堂学时合计					58

2.2.3 二级／技师职业技能培训课程规范

模块	课程	学习单元	课程内容	培训建议	课堂学时
1．仓储与配送管理	1-1 仓储与配送业务运营	（1）仓储与配送业务标准操作程序制定	1）仓储与配送业务标准操作流程图 ①标准操作流程梳理方法 ②标准操作流程图绘制方法	（1）方法：讲授法、案例教学法	1

续表

模块	课程	学习单元	课程内容	培训建议	课堂学时
1．仓储与配送管理	1-1　仓储与配送业务运营	（1）仓储与配送业务标准操作程序制定	2）仓储与配送业务标准化操作手册 ①标准化操作手册的编写流程 ②标准化操作手册的编写要点 ③标准化操作手册的格式 ④标准化操作手册的审核要点	（2）重点与难点：标准化操作手册的编写要点	
		（2）仓储与配送业务实施管理	1）仓储业务实施安排 ①仓储团队组织架构 ②仓储日常工作安排要点 ③仓储日常工作内容	（1）方法：讲授法、实训法 （2）重点与难点：仓储作业规范、配送作业规范	1
			2）仓储作业规范		
			3）配送日常工作安排要点		
			4）配送作业规范		
		（3）仓储与配送业务运营绩效指标制定	1）仓储与配送业务运营绩效指标制定方法与原则 ①绩效指标权重确定方法 ②绩效指标考核标准制定方法 ③绩效指标的描述要求	（1）方法：讲授法、案例教学法 （2）重点与难点：仓储与配送业务运营绩效指标制定方法与原则	2
			2）平衡计分卡的原理		
			3）鱼骨图的应用方法		
			4）岗位绩效指标分解与设定		
		（4）仓储与配送业务运营绩效评估	1）绩效评估的目的	（1）方法：讲授法、案例教学法 （2）重点与难点：绩效评估的流程	2
			2）绩效评估的类型		
			3）绩效评估的流程		
			4）“岗位关键绩效考核表”制作要求		
			5）绩效考核记录工具		

续表

模块	课程	学习单元	课程内容	培训建议	课堂学时
1．仓储与配送管理	1-1　仓储与配送业务运营	（5）仓储与配送安全应急预案制订与事故处理	1）仓储与配送安全应急预案制订的步骤	（1）方法：讲授法、案例教学法、实训法 （2）重点与难点：仓储与配送安全事故处理	2
			2）仓储与配送安全应急预案 ①货架坍塌事故应急预案 ②叉车事故应急预案 ③火灾事故应急预案 ④自然灾害事故应急预案		
			3）仓储与配送安全事故处理 ①货架坍塌事故处理 ②叉车事故处理 ③火灾事故处理 ④自然灾害事故处理		
	1-2　仓库规划设计	（1）商品基本情况分析	1）商品基本情况分析指标	（1）方法：讲授法、案例教学法 （2）重点与难点：商品基本情况分析指标	1
			2）商品品种数目分析意义		
			3）商品重合度分析意义		
			4）外形尺寸分析意义		
			5）Excel 数据处理方法		
			6）ABC 分析法		
		（2）订单分析	1）订单处理情况分析	（1）方法：讲授法、案例教学法 （2）重点与难点：EIQ 分析法	2
			2）商品出库情况分析		
			3）订单拆零情况分析		
			4）EIQ（订货件数、货品种类、数量）分析法		
			5）订单拆零的计算公式		
		（3）仓库能力分析	1）吞吐能力分析 ①吞吐能力的概念 ②吞吐量的概念 ③吞吐量的预测方法	（1）方法：讲授法、案例教学法	2

续表

模块	课程	学习单元	课程内容	培训建议	课堂学时
1. 仓储与配送管理	1-2 仓库规划设计	(3) 仓库能力分析	2) 库存能力分析 ①库存能力的概念与分析意义 ②库存能力分析与预测方法	(2) 重点与难点：库存周转能力分析	
			3) 库存周转能力分析 ①库存周转能力的概念与分析意义 ②库存周转能力分析与预测方法		
		(4) 仓库选址	1) 仓库选址的原则	(1) 方法：讲授法、案例教学法、实训法 (2) 重点与难点：仓库选址的方法	2
			2) 仓库选址的意义		
			3) 仓库选址的一般步骤		
			4) 仓库选址的方法 ①定性分析法 ②定量分析法		
		(5) 仓库功能区认知	1) 仓库基本作业环节	(1) 方法：讲授法、案例教学法、实训法 (2) 重点与难点：仓库功能区类型	1
			2) 仓库功能区类型		
		(6) 仓库功能区位置规划	1) 物流动线设计原则	(1) 方法：讲授法、案例教学法、实训法 (2) 重点与难点：仓库功能区位置规划方法	1
			2) 物流动线类型和特点		
			3) 仓库功能区位置规划方法		
			4) 仓库功能区位置规划步骤		
		(7) 仓库布局规划	1) 仓库功能区空间布局 ①存储区空间布局 ②拣选区空间布局 ③集货区空间布局 ④出入库月台空间布局 ⑤辅助功能区空间布局	(1) 方法：讲授法、案例教学法、实训法 (2) 重点与难点：仓库功能区面积测算方法	2

续表

模块	课程	学习单元	课程内容	培训建议	课堂学时
1．仓储与配送管理	1–2　仓库规划设计	（7）仓库布局规划	2）仓库功能区面积测算方法 ①存储区面积测算方法 ②拣选区面积测算方法 ③集货区面积测算方法 ④出入库月台面积测算方法 ⑤辅助功能区面积测算方法		
		（8）集装单元化设备选型与数量确定	1）集装单元化设备的类型	（1）方法：讲授法、案例教学法 （2）重点与难点：托盘数量计算方法	2
			2）托盘的参数、类型及选型考虑因素		
			3）托盘数量计算方法		
			4）周转箱的参数、类型及选型考虑因素		
			5）周转箱数量计算方法		
		（9）货架选型与数量确定	1）货架的类型、特点及用途	（1）方法：讲授法、案例教学法 （2）重点与难点：货架数量计算方法	2
			2）货架的参数		
			3）货架选型考虑因素		
			4）货架选型注意事项		
			5）货架数量计算方法		
		（10）搬运设备选型与数量确定	1）搬运设备的类型、特点及用途	（1）方法：讲授法、案例教学法 （2）重点与难点：搬运设备数量计算方法	2
			2）搬运设备的参数		
			3）搬运设备（叉车）选型考虑因素		
			4）搬运设备数量计算方法		

续表

模块	课程	学习单元	课程内容	培训建议	课堂学时
1．仓储与配送管理	1-2　仓库规划设计	(11)“货到人”拣选设备配置	1）货架 ①货架数量确定方法 ②货架型号选择 ③分析货架占用空间 2）工作站 ①确定基准天 ②工作站数量确定方法 3）AGV 机器人 ① AGV 机器人数量确定方法 ② AGV 机器人型号选择 4）配套设备	（1）方法：讲授法、实训法 （2）重点与难点：AGV 机器人	2
		(12) 仓储设备成本预算	1）仓储设备价格获取来源 2）仓储设备成本预算表的构成要素 3）仓储设备成本预算表的编制方法	（1）方法：讲授法、案例教学法 （2）重点与难点：仓储设备成本预算表的编制方法	1
2．运输管理	2-1　运输业务运营	（1）运输业务标准操作程序制定	1）运输业务标准化操作流程 2）运输业务标准化操作规范	（1）方法：讲授法、案例教学法 （2）重点与难点：运输业务标准化操作规范	1
		（2）运输业务实施管理	1）运输团队组织架构 2）运输日常工作 ①运输日常工作安排要点 ②运输日常工作内容 3）运输业务规范要求	（1）方法：讲授法、实训法 （2）重点与难点：运输团队组织架构、运输日常工作	1

续表

模块	课程	学习单元	课程内容	培训建议	课堂学时
2．运输管理	2-1　运输业务运营	（3）运输绩效管理	1）运输绩效评价的影响因素	（1）方法：讲授法、案例教学法 （2）重点与难点：运输绩效评价指标体系建立的方法与步骤	2
			2）选择运输绩效评价指标的原则		
			3）运输绩效评价指标的计算方法		
			4）运输绩效评价指标体系建立的方法与步骤		
			5）运输业务运营绩效评估表		
		（4）运输安全应急预案制订与事故处理	1）运输安全应急预案制订	（1）方法：讲授法、案例教学法 （2）重点与难点：运输安全事故处理	1
			2）运输安全事故处理		
	2-2　运输线路设计	（1）运输业务需求分析	1）运输业务需求概述	（1）方法：讲授法、案例教学法 （2）重点与难点：运输业务需求预测方法	1
			2）运输业务需求预测方法		
		（2）运输方式选择	1）运输系统的构成要素	（1）方法：讲授法、案例教学法 （2）重点与难点：运输方式选择的影响因素	1
			2）基本的运输方式		
			3）运输方式选择的影响因素		
		（3）运输节点及线路设计	1）运输网络	（1）方法：讲授法、实训法 （2）重点与难点：运输线路规划方法	2
			2）运输节点 ①运输节点选址的目标及原则 ②运输节点选址的影响因素 ③运输节点选址的方法		
			3）运输线路规划方法		
			4）路由 ①路由的概念 ②路由设计考虑因素 ③路由设计方法		

续表

模块	课程	学习单元	课程内容	培训建议	课堂学时
3．货运代理	3-1　货运代理业务运营	（1）货运代理业务标准操作程序制定	1）货运代理业务标准化操作流程	（1）方法：讲授法、案例教学法 （2）重点与难点：货运代理业务标准化操作规范	1
			2）货运代理业务标准化操作规范		
		（2）货运代理业务实施管理	1）货运代理业务实施安排 ①货运代理团队组织架构 ②货物代理业务任务分配方法 ③货运代理业务日常工作内容	（1）方法：讲授法、实训法 （2）重点与难点：货物代理业务日常工作控制要点	2
			2）货物代理业务日常工作控制要点		
		（3）货运代理业务运营绩效指标制定	1）货运代理业务运营绩效指标制定原则	（1）方法：讲授法、案例教学法 （2）重点与难点：货运代理业务运营绩效指标制定方法	2
			2）货运代理业务运营绩效指标制定方法		
		（4）货运代理业务运营绩效评估	1）货运代理业务运营绩效辅导 ①绩效辅导的对象 ②绩效辅导的渠道 ③绩效辅导的准备事项 ④绩效辅导的沟通方法 ⑤绩效辅导的跟踪和检查内容	（1）方法：讲授法 （2）重点与难点：货运代理业务运营绩效考核结果的应用方式	2
			2）货运代理业务运营绩效考核结果的应用方式		
	3-2　货运代理业务规划	（1）货运代理业务需求分析	1）货运代理的业务范围	（1）方法：讲授法、案例教学法 （2）重点与难点：客户需求层次分析	1
			2）客户需求的特点		
			3）客户需求层次分析		
			4）影响客户需求的基本因素		

续表

模块	课程	学习单元	课程内容	培训建议	课堂学时
3．货运代理	3–2 货运代理业务规划	（2）货运代理业务操作流程	1）海运进出口业务操作流程 2）航空进出口业务操作流程 3）多式联运业务操作流程	（1）方法：讲授法、案例教学法 （2）重点与难点：多式联运业务操作流程	2
		（3）货运代理业务供应商开发与管理	1）供应商的分类 2）外包需求的预测方法 3）供应商的选择标准 ①船公司的选择标准 ②仓储公司的选择标准 ③陆运公司的选择标准 ④报关公司的选择标准 ⑤铁路公司的选择标准 ⑥航空公司的选择标准 4）供应商的分级管理原则 5）供应商的考评方法	（1）方法：讲授法、案例教学法 （2）重点与难点：供应商的选择标准	2
4．生产物流管理	4–1 采购业务规划	（1）供应商开发与选择	1）供应商开发的步骤 2）供应商调查 ①供应商基础调查的主要内容 ②供应商调查问卷表 3）寻找潜在供应商的方法 4）供应商稽核 ①供应商稽核流程 ②供应商稽核项目包括的内容 ③供应商稽核指标包括的内容 ④现场供应商稽核要点 ⑤供应商稽核报告	（1）方法：讲授法、案例教学法 （2）重点与难点：供应商稽核	1

续表

模块	课程	学习单元	课程内容	培训建议	课堂学时
4．生产物流管理	4-1 采购业务规划	（2）采购成本	1）采购成本的概念 2）采购成本的构成 3）采购成本的影响因素 4）降低采购成本的方法	（1）方法：讲授法、案例教学法 （2）重点与难点：采购成本的构成	1
		（3）采购策略	1）采购策略的概念 2）采购策略的类型 ①基于准时战略的采购策略 ②基于数量和价格的采购策略 ③基于品种的采购策略 ④招标采购策略 ⑤电子商务采购策略	（1）方法：讲授法、案例教学法 （2）重点与难点：采购策略的类型	2
	4-2 物料库存设计	（1）ABC库存分析	1）ABC 分类法的概念 2）ABC 分类法的实施步骤	（1）方法：讲授法 （2）重点与难点：ABC 分类法的实施步骤	1
		（2）库存控制模型	1）确定性需求下的库存控制模型 2）随机需求下的库存控制模型	（1）方法：讲授法 （2）重点与难点：随机需求下的库存控制模型	2
5．物流信息技术应用	5-1 物流信息系统需求分析	（1）物流信息系统需求整理	1）物流信息系统需求调研 2）产品需求文档编写方法	（1）方法：讲授法 （2）重点与难点：产品需求文档编写方法	1
		（2）物流信息系统的功能与流程设计	1）物流信息系统的功能 2）物流信息系统的流程 3）业务流程图的绘制方法 4）系统功能思维导图的绘制方法	（1）方法：讲授法、演示法 （2）重点与难点：业务流程图的绘制方法	2

续表

模块	课程	学习单元	课程内容	培训建议	课堂学时
5．物流信息技术应用	5-1 物流信息系统需求分析	(3) 物流信息系统需求规格说明书撰写与评价	1）物流信息系统需求规格说明书的概念 2）物流信息系统需求规格说明书的内容 3）物流信息系统需求规格说明书的衡量标准	(1) 方法：讲授法、演示法 (2) 重点与难点：物流信息系统需求规格说明书的内容	2
	5-2 物流数据分析与挖掘	(1) 物流数据预处理	1）数据质量对数据分析的影响 2）提高数据质量的方法 3）数据预处理 ①数据预处理流程 ②数据预处理标准 ③常见的数据预处理方法	(1) 方法：讲授法、实训法 (2) 重点与难点：常见的数据预处理方法	2
		(2) 物流数据挖掘	1）数据挖掘的定义 2）物流数据挖掘的基本任务 ①物流数据挖掘基本任务的含义 ②物流数据挖掘基本任务的内容 ③物流数据挖掘基本任务的实际应用案例 ④物流数据挖掘基本任务中涉及的常用算法 3）数据挖掘建模 ①数据挖掘建模的分类 ②数据挖掘建模的流程 ③跨行业数据挖掘标准流程（CRISP-DM）	(1) 方法：讲授法、实训法 (2) 重点与难点：物流数据挖掘基本任务中涉及的常用算法	4
6．培训指导	6-1 培训	(1) 培训计划编制	1）培训计划的内容 2）培训计划的编写方法	(1) 方法：讲授法、案例教学法 (2) 重点与难点：培训计划的编写方法	1
		(2) 培训讲义编制	1）培训讲义的内容 2）培训讲义的编写要求	(1) 方法：讲授法、案例教学法 (2) 重点与难点：培训讲义的编写要求	1

续表

模块	课程	学习单元	课程内容	培训建议	课堂学时
6．培训指导	6-1　培训	（3）培训教学	1）教学语言运用 2）课程教学过程组织 3）五星教学法	（1）方法：讲授法、情景表演法 （2）重点与难点：课程教学过程组织	1
	6-2　指导	物流业务知识和专业技能指导	1）物流业务指导方案的内容 2）物流业务知识指导的方法和要求 3）物流专业技能指导的方法和要求 4）案例教学的方法	（1）方法：讲授法、案例教学法 （2）重点与难点：物流业务知识指导的方法和要求、物流专业技能指导的方法和要求	2
课堂学时合计					72

2.2.4　一级 / 高级技师职业技能培训课程规范

模块	课程	学习单元	课程内容	培训建议	课堂学时
1．物流战略管理	1-1　物流发展战略规划	（1）物流市场及竞争环境分析	1）物流市场调研的内容 2）市场竞争环境分析方法 3）物流行业竞争状况	（1）方法：讲授法、讨论法、实训法 （2）重点与难点：物流行业竞争状况	2
		（2）物流发展定位及战略目标	1）物流企业发展状况调研 2）物流发展定位方法 3）物流战略目标的内容	（1）方法：讲授法、讨论法、案例教学法 （2）重点与难点：物流发展定位方法	2
		（3）物流资源规划	1）物流资源的含义 2）我国物流资源的状况 3）物流资源规划的内容	（1）方法：讲授法、案例教学法 （2）重点与难点：物流资源规划的内容	2
		（4）物流发展规划报告撰写	1）物流行业数据的检索方式 2）物流发展规划报告的编制要素	（1）方法：讲授法、实训法 （2）重点与难点：物流发展规划报告的编制要素	2

续表

模块	课程	学习单元	课程内容	培训建议	课堂学时
1．物流战略管理	1-2 物流战略规划组织实施	（1）物流业务统筹管理	1）物流项目工作计划的内容 2）物流项目工作计划的制订原则 3）目标管理的概念 4）目标管理的基本内容 5）目标管理的方法	（1）方法：讲授法、角色扮演法 （2）重点与难点：物流项目工作计划的内容	2
		（2）物流资源配置	1）物流资源配置的含义 2）物流资源优化配置的含义 3）物流资源优化配置的原理 4）物流资源优化配置的方法	（1）方法：讲授法、案例教学法 （2）重点与难点：物流资源优化配置的方法	2
		（3）物流战略目标评估	1）物流战略目标评估的内容 2）物流战略目标评估的原则 3）物流战略目标评估的方法	（1）方法：讲授法、案例教学法 （2）重点与难点：物流战略目标评估的方法	2
	1-3 物流风险管理	（1）物流风险管理体系	1）物流风险的概念 2）物流风险的成因 3）物流风险的特点 4）物流风险管理体系的概念 5）物流风险管理体系的组成	（1）方法：讲授法、案例教学法 （2）重点与难点：物流风险管理体系	2
		（2）物流风险识别与分析	1）物流风险识别的概念 2）物流风险识别的方法 3）物流风险分析方法 ①定性分析法 ②定量分析法	（1）方法：讲授法、讨论法、案例教学法 （2）重点与难点：物流风险分析方法	2

续表

模块	课程	学习单元	课程内容	培训建议	课堂学时
1. 物流战略管理	1-3 物流风险管理	(3) 物流风险应对	1) 物流风险的应对措施	(1) 方法：讲授法、讨论法、案例教学法 (2) 重点与难点：物流风险的应对措施	2
			2) 物流风险应对方案的内容		
			3) 物流风险监控		
			4) 物流风险改进方法		
2. 生产物流管理	2-1 战略采购管理	(1) 自制与外购决策	1) 自制与外购决策概述	(1) 方法：讲授法、案例教学法 (2) 重点与难点：自制与外购决策的方法	2
			2) 自制与外购决策分析		
			3) 自制与外购决策的影响因素		
			4) 自制的收益与风险		
			5) 外购的收益与风险		
			6) 自制与外购决策的方法		
		(2) 供应商管理	1) 供应商管理策略	(1) 方法：讲授法 (2) 重点与难点：供应商管理策略	2
			2) 供应商关系管理 ①供应商关系管理的概念 ②供应商关系管理的基本内容 ③供应商关系管理的意义		
	2-2 精益物流管理	(1) 精益物流战略	1) 精益思想的内容	(1) 方法：讲授法、案例教学法 (2) 重点与难点：精益思想的内容	1
			2) 精益物流战略的特点		
			3) 精益物流战略的目标		
			4) 精益物流战略的内容		
			5) 精益物流战略的手段		
		(2) 精益物流组织架构设计	1) 精益物流的目标	(1) 方法：讲授法、案例教学法 (2) 重点与难点：精益物流的方法	1
			2) 精益物流的方法		
			3) 精益物流组织架构		
		(3) 精益物流实施	实施精益物流的步骤	(1) 方法：讲授法、案例教学法 (2) 重点与难点：实施精益物流的步骤	1

续表

模块	课程	学习单元	课程内容	培训建议	课堂学时
3．物流信息技术应用	3-1　物流信息战略规划与实施	（1）物流信息战略规划	1）物流信息战略的内涵 2）物流信息战略规划目标 3）制订物流信息战略规划的基本思路 4）物流信息战略的规划步骤	（1）方法：讲授法、案例教学法 （2）重点与难点：物流信息战略的规划步骤	1
		（2）物流信息资源管理与配置	1）信息资源的概念和特点 2）物流信息资源 ①物流信息资源的概念 ②物流信息资源的类型 ③物流信息资源的特点 3）物流信息资源管理的概念和特点 4）基于供应链的物流信息资源管理 ①基于供应链的物流信息资源管理的概念 ②基于供应链的物流信息资源管理的原则 ③基于供应链的物流信息资源管理的基本原理 5）物流信息资源配置 ①物流信息资源配置的目标 ②物流信息资源配置的要求	（1）方法：讲授法、案例教学法 （2）重点与难点：物流信息资源配置	2
		（3）物流信息战略评估	1）物流信息战略评估的内容 2）物流信息战略评估的原则 3）物流信息战略评估的方法	（1）方法：讲授法、案例教学法 （2）重点与难点：物流信息战略评估的方法	2

续表

模块	课程	学习单元	课程内容	培训建议	课堂学时
3．物流信息技术应用	3-2　物流大数据技术应用	（1）物流大数据	1）物流大数据的概念 2）物流数据采集方法 3）物流业务数据化的方法	（1）方法：讲授法、案例教学法 （2）重点与难点：物流业务数据化的方法	1
		（2）数据可视化	1）可视化图表 ①可视化图表的分类 ②可视化图表的表达内容 ③比较类图表的定义和特点 ④组成类图表的定义和特点 ⑤分布类图表的定义和特点 ⑥关系类图表的定义和特点 2）仪表盘的制作方法 3）可视化图表的交互方式	（1）方法：讲授法、实训法 （2）重点与难点：可视化图表的交互方式	2
		（3）数据化运营	1）数据化运营的概念 2）数据化运营的步骤 3）数据化运营的趋势	（1）方法：讲授法、案例教学法 （2）重点与难点：数据化运营的步骤	1
		（4）分仓商品需求预测	1）序列预测所包含的常用算法 2）时间序列算法 ①时间序列算法的思想 ②时间序列算法的特点 ③时间序列算法的原理 ④时间序列算法的参数内容 ⑤时间序列算法的参数设置方法 3）时间序列预测评估指标的含义 4）时间序列预测模型的评估方法	（1）方法：讲授法、实训法 （2）重点与难点：时间序列算法	4

续表

模块	课程	学习单元	课程内容	培训建议	课堂学时
3．物流信息技术应用	3-2 物流大数据技术应用	(5) 区域物流量预测	1）随机森林算法概述 ①随机森林算法的思想 ②随机森林算法的特点 ③随机森林算法的原理	(1) 方法：讲授法、实训法 (2) 重点与难点：随机森林算法的参数设置方法	4
			2）随机森林算法的参数设置方法		
			3）随机森林预测评估指标的含义		
			4）随机森林预测模型的评估方法		
		(6) 仓储货位分配分析	1）聚类分析概述 ①聚类的定义 ②聚类方法的分类特点 ③聚类方法的分类内容	(1) 方法：讲授法、实训法 (2) 重点与难点：K-means 算法	4
			2）相似度的度量方法		
			3）K-means 算法 ① K-means 算法的原理 ② K-means 算法的参数设置方法		
			4）K-means 聚类结果的含义		
			5）K-means 聚类评估方法		
4．培训指导	4-1 培训	(1) 培训体系设计	1）培训体系的概念	(1) 方法：讲授法、案例教学法 (2) 重点与难点：培训体系设计的方法	1
			2）培训体系的构成		
			3）培训体系设计的方法		
		(2) 培训方案编制与实施	1）培训需求调研	(1) 方法：讲授法、案例教学法 (2) 重点与难点：培训方案的内容	1
			2）培训方案的内容		
			3）培训注意事项		
			4）培训效果总结		

续表

模块	课程	学习单元	课程内容	培训建议	课堂学时
4．培训指导	4-2　指导	业务指导体系设计与实施	业务指导体系的内容	（1）方法：讲授法 （2）重点与难点：行业前沿技术	2
			行业前沿技术		
课堂学时合计					52

2.2.5　培训建议中培训方法说明

（1）讲授法。讲授法指教师主要运用语言讲述，系统地向学员传授知识，传播思想理念的教学方法，即教师通过叙述、描绘、解释、推论，来传递信息、传授知识、阐明概念、论证定律和公式，引导学员获取知识，认识和分析问题。

（2）讨论法。讨论法指在教师的指导下，学员以班级或小组为单位，围绕学习单元的内容，对某一专题进行深入探讨，通过讨论或辩论活动，获得知识或巩固知识的教学方法，要求教师在讨论结束时对讨论的主题做归纳性总结。

（3）实训法。实训法指学员在教师的指导下巩固知识、运用知识、形成技能技巧的教学方法。学员通过实际操作的练习掌握操作技能。

（4）参观法。参观法指教师组织或指导学员进行实地观察、调查、研究和学习，使学员获得新知识或巩固已学知识的教学方法。参观教学法可细分为准备性参观、并行性参观、总结性参观等。

（5）演示法。演示法指在教学过程中，教师通过示范操作和讲解使学员获得知识、技能的教学方法。教学中，教师对操作内容进行现场演示，边操作边讲解，强调操作的关键步骤和注意事项，使学员边学边做，理论与技能并重，师生互动，提高学员的学习兴趣和学习效率。

（6）案例教学法。案例教学法指通过对案例进行分析，提出问题，分析问题，并找到解决问题的途径和手段，培养学员分析问题、处理问题能力的教学方法。

（7）角色扮演法。角色扮演法指学员通过不同角色的扮演，体验自身角色的内涵活动和对方角色的心理，充分展现各种角色的“为”和“位”的教学方法。

（8）情景表演法。情景表演法指教师在实施培训前事先准备和布置培训现场，并设定表演的情景、对话内容及评估标准，通过学员现场的情景表演活动及教师对活动效果的及时评估，达到培训预期效果的教学方法。

2.3 考核规范

2.3.1 职业基本素质培训考核规范

考核范围	考核比重（%）	考核内容	考核比重（%）	考核单元
1．职业认知与职业道德	10	1-1 职业认知	2	职业认知
		1-2 职业道德基本知识	3	道德与职业道德
		1-3 职业守则	5	物流服务师职业守则
2．物流管理基础知识	70	2-1 仓储与配送管理基础知识	15	（1）仓储与配送认知
				（2）仓储设施设备
				（3）仓储企业岗位设置
				（4）仓储与配送作业流程
		2-2 运输管理基础知识	15	（1）运输认知
				（2）运输设施设备
				（3）运输企业岗位设置
				（4）运输作业流程
		2-3 货运代理基础知识	15	（1）航空物流业务
				（2）海运物流业务
				（3）陆运物流业务
				（4）多式联运业务
		2-4 供应链管理基础知识	15	（1）供应链及其管理
				（2）需求预测
				（3）供应链计划制订
				（4）生产管理
				（5）库存管理
		2-5 物流信息技术基础知识	10	（1）条码技术
				（2）自动识别技术
				（3）GIS 和 GPS 技术
				（4）EDI 技术
				（5）大数据技术

续表

考核范围	考核比重（%）	考核内容	考核比重（%）	考核单元
3. 安全生产与环境保护基础知识	10	3-1　物流安全生产基础知识	2	（1）人员安全管理
				（2）设备安全管理
				（3）物料安全管理
		3-2　物流服务师职业健康基础知识	5	（1）仪容仪表
				（2）心理健康
				（3）仓库 7S 管理
		3-3　环境保护基础知识	3	（1）环境保护概述
				（2）绿色物流
4. 相关法律、法规知识	10	4-1　相关法律知识	5	相关法律知识
		4-2　相关法规知识	5	相关法规知识

2.3.2　三级 / 高级职业技能培训理论知识考核规范

考核范围	考核比重（%）	考核内容	考核比重（%）	考核单元
1. 仓储与配送管理	35	1-1　仓储与配送作业管理	25	（1）仓储与配送作业计划编制与实施
				（2）仓库异常情况的分类与处理
				（3）仓储与配送作业绩效考核
				（4）防火、防汛日常安全管理
				（5）仓储与配送作业安全培训与演练
		1-2　仓储与配送作业质量管理	10	（1）仓储与配送作业质量控制
				（2）仓储与配送作业质量偏差处理
2. 运输管理	35	2-1　运输作业管理	25	（1）运输作业计划编制
				（2）运输调度和路由设计
				（3）车辆在途管理
				（4）运输作业绩效考核
				（5）车辆安全管理
				（6）车辆运输安全培训与演练

续表

考核范围	考核比重（%）	考核内容	考核比重（%）	考核单元
2．运输管理	35	2-2　运输作业质量管理	10	（1）运输作业质量控制
				（2）运输作业质量追踪与责任界定
				（3）运输作业质量偏差处理
3．货运代理	10（二选一）	3-1　货运代理作业管理	5	（1）货运代理作业计划编制
				（2）货运代理海运作业操作
				（3）货运代理航空作业操作
				（4）货运代理作业异常情况处理
				（5）货运代理作业绩效考核
		3-2　货运代理作业质量管理	5	（1）货运代理作业质量控制与责任界定
				（2）货运代理作业质量偏差处理
4．生产物流管理		4-1　采购供应管理	5	（1）采购计划
				（2）供应商信息采集与评价
				（3）采购执行
				（4）物料配送
		4-2　物料管理与控制	5	（1）物料需求计划编制
				（2）物料库存控制
				（3）物料质量控制
5．物流信息技术应用	20	5-1　物流信息系统实施	10	（1）物流信息系统配置与测试
				（2）物流信息系统初始化
				（3）物流信息系统业务培训
		5-2　物流数据统计与分析	10	（1）物流数据收集整理
				（2）物流数据统计
				（3）物流数据分析

2.3.3　三级 / 高级职业技能培训操作技能考核规范

考核范围	考核比重（%）	考核内容	考核比重（%）	考核形式	重要程度	选考方式	考核时间（分钟）
1．仓储与配送管理	35	1-1　仓储与配送作业管理	25	机考	X	必考	20
		1-2　仓储与配送作业质量管理	10	机考	Y	必考	10
2．运输管理	35	2-1　运输作业管理	25	机考	X	必考	20
		2-2　运输作业质量管理	10	机考	Y	必考	10
3．货运代理	10（二选一）	3-1　货运代理作业管理	5	机考	X	选考	10
		3-2　货运代理作业质量管理	5	机考	Y		10
4．生产物流管理		4-1　采购供应管理	5	机考	X	选考	10
		4-2　物料管理与控制	5	机考	Y		10
5．物流信息技术应用	20	5-1　物流信息系统实施	10	机考	Y	必考	20
		5-2　物流数据统计与分析	10	机考	X	必考	20

说明："重要程度"一栏中，"X"表示核心要素，是鉴定中最重要、出现频率最高的内容，具有必要性、典型性的特点；"Y"表示一般要素，是鉴定中一般重要的内容；"Z"表示辅助要素，是鉴定中重要程度较低的内容。

2.3.4　二级 / 技师职业技能培训理论知识考核规范

考核范围	考核比重（%）	考核内容	考核比重（%）	考核单元
1．仓储与配送管理	30	1-1　仓储与配送业务运营	10	（1）仓储与配送业务标准操作程序制定
				（2）仓储与配送业务实施管理
				（3）仓储与配送业务运营绩效指标制定

续表

考核范围	考核比重（%）	考核内容	考核比重（%）	考核单元
1．仓储与配送管理	30	1-1　仓储与配送业务运营	10	（4）仓储与配送业务运营绩效评估
				（5）仓储与配送安全应急预案制订与事故处理
		1-2　仓库规划设计	20	（1）商品基本情况分析
				（2）订单分析
				（3）仓库能力分析
				（4）仓库选址
				（5）仓库功能区认知
				（6）仓库功能区位置规划
				（7）仓库布局规划
				（8）集装单元化设备选型与数量确定
				（9）货架选型与数量确定
				（10）搬运设备选型与数量确定
				（11）“货到人”拣选设备配置
				（12）仓储设备成本预算
2．运输管理	30	2-1　运输业务运营	10	（1）运输业务标准操作程序制定
				（2）运输业务实施管理
				（3）运输绩效管理
				（4）运输安全应急预案制订与事故处理
		2-2　运输线路设计	20	（1）运输业务需求分析
				（2）运输方式选择
				（3）运输节点及线路设计
3．货运代理	10（二选一）	3-1　货运代理业务运营	5	（1）货运代理业务标准操作程序制定
				（2）货运代理业务实施管理
				（3）货运代理业务运营绩效指标制定
				（4）货运代理业务运营绩效评估

续表

考核范围	考核比重（%）	考核内容	考核比重（%）	考核单元
3．货运代理	10（二选一）	3-2　货运代理业务规划	5	（1）货运代理业务需求分析
				（2）货运代理业务操作流程
				（3）货运代理业务供应商开发与管理
4．生产物流管理		4-1　采购业务规划	5	（1）供应商开发与选择
				（2）采购成本
				（3）采购策略
		4-2　物料库存设计	5	（1）ABC 库存分析
				（2）库存控制模型
5．物流信息技术应用	20	5-1　物流信息系统需求分析	10	（1）物流信息系统需求整理
				（2）物流信息系统的功能与流程设计
				（3）物流信息系统需求规格说明书撰写与评价
		5-2　物流数据分析与挖掘	10	（1）物流数据预处理
				（2）物流数据挖掘
6．培训指导	10	6-1　培训	5	（1）培训计划编制
				（2）培训讲义编制
				（3）培训教学
		6-2　指导	5	物流业务知识和专业技能指导

2.3.5　二级 / 技师职业技能培训操作技能考核规范

考核范围	考核比重（%）	考核内容	考核比重（%）	考核形式	重要程度	选考方式	考核时间（分钟）
1．仓储与配送管理	30	1-1　仓储与配送业务运营	10	机考	Y	必考	20
		1-2　仓库规划设计	20	机考	X	必考	10
2．运输管理	30	2-1　运输业务运营	10	机考	Y	必考	20
		2-2　运输线路设计	20	机考	X	必考	10

续表

考核范围	考核比重（%）	考核内容	考核比重（%）	考核形式	重要程度	选考方式	考核时间（分钟）
3．货运代理	10（二选一）	3-1　货运代理业务运营	5	机考	Y	选考	10
		3-2　货运代理业务规划	5	机考	X		10
4．生产物流管理		4-1　采购业务规划	5	机考	Y	选考	10
		4-2　物料库存设计	5	机考	X		10
5．物流信息技术应用	20	5-1　物流信息系统需求分析	10	机考	Y	必考	20
		5-2　物流数据分析与挖掘	10	机考	X	必考	20
6．培训指导	10	6-1　培训	5	机考	Z	必考	5
		6-2　指导	5	机考	Z	必考	5

2.3.6　一级／高级技师职业技能培训理论知识考核规范

考核范围	考核比重（%）	考核内容	考核比重（%）	考核单元
1．物流战略管理	35	1-1　物流发展战略规划	10	（1）物流市场及竞争环境分析
				（2）物流发展定位及战略目标
				（3）物流资源规划
				（4）物流发展规划报告撰写
		1-2　物流战略规划组织实施	15	（1）物流业务统筹管理
				（2）物流资源配置
				（3）物流战略目标评估
		1-3　物流风险管理	10	（1）物流风险管理体系
				（2）物流风险识别与分析
				（3）物流风险应对

续表

考核范围	考核比重（%）	考核内容	考核比重（%）	考核单元
2．生产物流管理	25	2-1　战略采购管理	15	（1）自制与外购决策
				（2）供应商管理
		2-2　精益物流管理	10	（1）精益物流战略
				（2）精益物流组织架构设计
				（3）精益物流实施
3．物流信息技术应用	30	3-1　物流信息战略规划与实施	10	（1）物流信息战略规划
				（2）物流信息资源管理与配置
				（3）物流信息战略评估
		3-2　物流大数据技术应用	20	（1）物流大数据
				（2）数据可视化
				（3）数据化运营
				（4）分仓商品需求预测
				（5）区域物流量预测
				（6）仓储货位分配分析
4．培训指导	10	4-1　培训	5	（1）培训体系设计
				（2）培训方案编制与实施
		4-2　指导	5	业务指导体系设计与实施

2.3.7　一级 / 高级技师职业技能培训操作技能考核规范

考核范围	考核比重（%）	考核内容	考核比重（%）	考核形式	重要程度	选考方式	考核时间（分钟）
1．物流战略管理	35	1-1　物流发展战略规划	15	机考	X	必考	25
		1-2　物流战略规划组织实施	10	机考	Y	必考	20
		1-3　物流风险管理	10	机考	X	必考	20
2．生产物流管理	25	2-1　战略采购管理	15	机考	X	必考	20
		2-2　精益物流管理	10	机考	Y	必考	20

续表

考核范围	考核比重（%）	考核内容	考核比重（%）	考核形式	重要程度	选考方式	考核时间（分钟）
3．物流信息技术应用	30	3-1　物流信息战略规划与实施	10	机考	Y	必考	20
		3-2　物流大数据技术应用	20	机考	X	必考	25
4．培训指导	10	4-1　培训	5	机考	Z	必考	5
		4-2　指导	5	机考	Z	必考	5

附录

培训要求与课程规范对照表

附录 1 职业基本素质培训要求与课程规范对照表

2.1.1 职业基本素质培训要求			2.2.1 职业基本素质培训课程规范			
职业基本素质模块（模块）	培训内容（课程）	培训细目	学习单元	课程内容	培训建议	课堂学时
1．职业认知与职业道德	1-1 职业认知	（1）物流业认知 （2）物流服务师的工作内容	职业认知	1）物流业认知	（1）方法：讲授法 （2）重点与难点：物流服务师的工作内容	1
				2）物流服务师的工作内容		
	1-2 职业道德基本知识	（1）道德 （2）社会主义核心价值观 （3）职业道德 （4）物流服务师职业道德规范	道德与职业道德	1）道德 ①道德的含义 ②“四德”建设的主要内容 ③公民道德规范	（1）方法：讲授法、案例教学法 （2）重点与难点：物流服务师职业道德规范	1
				2）社会主义核心价值观		
				3）职业道德 ①职业道德的概念 ②各行业共同的职业道德内容 ③服务态度、服务质量与职业道德的关系 ④加强职业道德修养		
				4）物流服务师职业道德规范		
	1-3 职业守则	物流服务师职业守则	物流服务师职业守则	1）诚实守信，遵纪守法	（1）方法：讲授法、案例教学法 （2）重点与难点：物流服务师职业守则	1
				2）爱岗敬业，忠于职守		
				3）安全生产，规范操作		
				4）钻研业务，优质服务		
2．物流管理基础知识	2-1 仓储与配送管理基础知识	（1）仓储与配送认知 （2）仓储设施设备	（1）仓储与配送认知	1）仓储与配送的概念 ①仓储的概念 ②配送的概念	（1）方法：讲授法 （2）重点与难点：仓库的类型	1
				2）仓储的作用		
				3）仓库的类型		
			（2）仓储设施设备	1）仓储设施	（1）方法：讲授法、参观法 （2）重点与难点：仓储设施设备	2
				2）集装单元化设备 ①托盘 ②周转箱		

续表

2.1.1　职业基本素质培训要求			2.2.1　职业基本素质培训课程规范			
职业基本素质模块（模块）	培训内容（课程）	培训细目	学习单元	课程内容	培训建议	课堂学时
2．物流管理基础知识	2-1　仓储与配送管理基础知识	（3）仓储企业岗位设置 （4）仓储与配送作业流程	（2）仓储设施设备	3）存储设备 ①轻型货架 ②流利式货架 ③立体货架 ④旋转货架 ⑤悬臂式货架		
				4）搬运设备 ①手推车 ②手动液压叉车 ③电动叉车 ④ AGV ⑤堆高车 ⑥提升机		
				5）分拣设备 ①自动分拣机 ②分拣机器人		
			（3）仓储企业岗位设置	1）仓储企业岗位结构	（1）方法：讲授法、参观法 （2）重点与难点：仓储企业各岗位人员的岗位职责	1
				2）仓储企业各岗位人员的岗位职责		
			（4）仓储与配送作业流程	1）入库作业流程	（1）方法：讲授法 （2）重点与难点：拣选作业流程	1
				2）上架作业流程		
				3）补货作业流程		
				4）盘点作业流程		
				5）拣选作业流程		
				6）复核包装流程		
				7）出库作业流程		
	2-2　运输管理基础知识	（1）运输认知 （2）运输设施设备	（1）运输认知	1）运输的概念	（1）方法：讲授法 （2）重点与难点：运输合理化	1
				2）运输的功能		
				3）运输的原则		
				4）运输的分类		
				5）运输合理化		
			（2）运输设施设备	1）公路运输设施设备	（1）方法：讲授法 （2）重点与难点：公路运输设施设备	1
				2）铁路运输设施设备		
				3）水路运输设施设备		
				4）航空运输设施设备		
				5）管道运输设施设备		

续表

2.1.1 职业基本素质培训要求			2.2.1 职业基本素质培训课程规范			
职业基本素质模块（模块）	培训内容（课程）	培训细目	学习单元	课程内容	培训建议	课堂学时
2．物流管理基础知识	2–2 运输管理基础知识	（3）运输企业岗位设置 （4）运输作业流程	（3）运输企业岗位设置	1）运输企业的基本组织结构类型	（1）方法：讲授法、参观法 （2）重点与难点：运输企业各岗位人员的岗位职责	1
				2）运输企业不同类型组织结构的优、缺点		
				3）运输企业组织结构设计的基本步骤		
				4）运输企业部门划分的方法		
				5）运输企业各岗位人员的岗位职责		
			（4）运输作业流程	1）订单受理	（1）方法：讲授法 （2）重点与难点：入站集货、货物派送	1
				2）入站集货		
				3）货物在途		
				4）干线到达		
				5）网点到达		
				6）货物派送		
	2–3 货运代理基础知识	（1）航空物流业务 （2）海运物流业务	（1）航空物流业务	1）国际航空货物运输的概念和特点	（1）方法：讲授法、案例教学法 （2）重点与难点：国际空运进出口业务流程	2
				2）国际航空货物运输的方式		
				3）国际航空区划与主要航线		
				4）国际空运进出口业务流程		
				5）国际空运运费计算方法		
			（2）海运物流业务	1）国际海上货物运输的概念和特点	（1）方法：讲授法、案例教学法 （2）重点与难点：国际海运进出口业务流程	2
				2）国际海上货物运输的作用		
				3）国际海上运输船舶与航线		
				4）国际海运进出口业务流程		
				5）国际海运运费计算方法		

续表

2.1.1 职业基本素质培训要求			2.2.1 职业基本素质培训课程规范			
职业基本素质模块（模块）	培训内容（课程）	培训细目	学习单元	课程内容	培训建议	课堂学时
2．物流管理基础知识	2-3 货运代理基础知识	（3）陆运物流业务 （4）多式联运业务	（3）陆运物流业务	1）国际公路货物运输概述	（1）方法：讲授法、案例教学法 （2）重点与难点：国际公路货运代理业务	1
				2）国际公路货物运输的类别		
				3）国际公路货运代理业务		
				4）对外贸易公路运输和口岸分布		
			（4）多式联运业务	1）多式联运的概念和特点	（1）方法：讲授法、案例教学法 （2）重点与难点：多式联运的业务程序	1
				2）多式联运的分类		
				3）多式联运的业务程序		
	2-4 供应链管理基础知识	（1）供应链及其管理 （2）需求预测 （3）供应链计划制订	（1）供应链及其管理	1）供应链 ①供应链的概念和特征 ②供应链的基本结构 ③供应链的类型	（1）方法：讲授法 （2）重点与难点：供应链管理流程	1
				2）供应链管理 ①供应链管理的概念 ②供应链管理的目标 ③供应链管理的特征 ④供应链管理的主要内容 ⑤供应链管理模式 ⑥供应链管理流程		
			（2）需求预测	1）需求预测的概念	（1）方法：讲授法 （2）重点与难点：需求预测的内容	2
				2）需求预测的流程		
				3）需求预测的作用		
				4）需求预测的内容		
				5）需求预测的特点		
				6）需求预测的内、外影响因素		
			（3）供应链计划制订	1）综合计划 ①综合计划的定义 ②综合计划的制订策略 ③生产能力的定义 ④决定生产能力的因素 ⑤生产能力的核算方法 ⑥制订综合计划需考虑的成本 ⑦综合计划的成本计算方法	（1）方法：讲授法、实训法 （2）重点与难点：综合计划的制订策略、销售与运作计划的流程	2

续表

2.1.1 职业基本素质培训要求			2.2.1 职业基本素质培训课程规范			
职业基本素质模块（模块）	培训内容（课程）	培训细目	学习单元	课程内容	培训建议	课堂学时
2．物流管理基础知识	2–4 供应链管理基础知识	（4）生产管理 （5）库存管理	（3）供应链计划制订	2）销售与运作计划 ①计划值的定义 ②销售与运作计划的作用 ③销售与运作计划的基本要素 ④销售与运作计划的周期 ⑤销售与运作计划的流程		
			（4）生产管理	1）主生产计划 ①主生产计划的定义 ②主生产计划的计划对象 ③主生产计划的编制原则 ④主生产计划的基本原理 ⑤制订主生产计划的基本流程	（1）方法：讲授法、案例教学法 （2）重点与难点：生产排程的方法	2
				2）生产排程 ①生产排程的依据和原则 ②生产排程的方法		
				3）生产质量管理 ①生产质量管理的基本概念 ②生产质量管理的发展阶段 ③生产质量管理的评价体系 ④生产质量管理常用的七种工具		
			（5）库存管理	1）库存 ①库存的概念 ②库存的作用 ③库存的分类	（1）方法：讲授法、案例教学法 （2）重点与难点：库存成本管理	1
				2）库存成因分析		
				3）库存供需关系		
				4）库存管理的任务		

续表

2.1.1 职业基本素质培训要求			2.2.1 职业基本素质培训课程规范			
职业基本素质模块（模块）	培训内容（课程）	培训细目	学习单元	课程内容	培训建议	课堂学时
2．物流管理基础知识	2–4 供应链管理基础知识		（5）库存管理	5）库存成本管理 ①库存成本的概念 ②库存成本的构成 ③库存持有成本的含义 ④库存持有成本的组成部分 ⑤库存持有成本的影响因素		
	2–5 物流信息技术基础知识	（1）条码技术 （2）自动识别技术 （3）GIS 和 GPS 技术 （4）EDI 技术 （5）大数据技术	（1）条码技术	1）条形码的概念和特点 ①条形码的概念 ②条形码的特点 2）条形码的分类 3）条形码的编制 4）条码技术 ①条码技术的概念 ②条码技术的特点 ③条码技术的原理	（1）方法：讲授法、案例教学法 （2）重点与难点：条码技术的原理	1
			（2）自动识别技术	1）自动识别技术的概念 2）常见的自动识别技术 3）射频识别技术在物流中的应用	（1）方法：讲授法、案例教学法 （2）重点与难点：常见的自动识别技术	1
			（3）GIS 和 GPS 技术	1）GIS 技术 ① GIS 的概念 ② GIS 的组成 ③ GIS 的工作原理 ④ GIS 技术在物流中的应用 2）GPS 技术 ① GPS 的概念 ② GPS 的组成 ③ GPS 的工作原理 ④ GPS 技术在物流中的应用	（1）方法：讲授法、案例教学法 （2）重点与难点：GIS 技术在物流中的应用、GPS 技术在物流中的应用	1
			（4）EDI 技术	1）EDI 概述 ① EDI 的定义 ② EDI 的特点 2）EDI 系统构成 3）EDI 技术的工作原理 4）EDI 技术在物流中的应用	（1）方法：讲授法、案例教学法 （2）重点与难点：EDI 技术在物流中的应用	1

续表

<table>
<tr><th colspan="3">2.1.1 职业基本素质培训要求</th><th colspan="4">2.2.1 职业基本素质培训课程规范</th></tr>
<tr><th>职业基本素质模块（模块）</th><th>培训内容（课程）</th><th>培训细目</th><th>学习单元</th><th>课程内容</th><th>培训建议</th><th>课堂学时</th></tr>
<tr><td rowspan="3">2．物流管理基础知识</td><td rowspan="3">2-5 物流信息技术基础知识</td><td rowspan="3"></td><td rowspan="3">（5）大数据技术</td><td>1）大数据的概念和特点</td><td rowspan="3">（1）方法：讲授法、案例教学法
（2）重点与难点：大数据技术在物流中的应用</td><td rowspan="3">1</td></tr>
<tr><td>2）大数据的类型</td></tr>
<tr><td>3）大数据技术在物流中的应用</td></tr>
<tr><td rowspan="21">3．安全生产与环境保护知识</td><td rowspan="9">3-1 物流安全生产基础知识</td><td rowspan="9">（1）人员安全管理
（2）设备安全管理
（3）物料安全管理</td><td rowspan="3">（1）人员安全管理</td><td>1）物流中心常见安全隐患</td><td rowspan="3">（1）方法：讲授法、案例教学法
（2）重点与难点：工伤事故处理</td><td rowspan="3">1</td></tr>
<tr><td>2）事故等级划分</td></tr>
<tr><td>3）工伤事故处理</td></tr>
<tr><td rowspan="2">（2）设备安全管理</td><td>1）货架安全使用规范</td><td rowspan="2">（1）方法：讲授法、案例教学法
（2）重点与难点：叉车安全使用规范</td><td rowspan="2">1</td></tr>
<tr><td>2）叉车安全使用规范</td></tr>
<tr><td rowspan="4">（3）物料安全管理</td><td>1）物料安全堆放标准</td><td rowspan="4">（1）方法：讲授法、案例教学法
（2）重点与难点：物料安全堆放标准</td><td rowspan="4">1</td></tr>
<tr><td>2）仓库防霉措施</td></tr>
<tr><td>3）仓库防潮措施</td></tr>
<tr><td>4）仓库防盗措施</td></tr>
<tr><td rowspan="12">3-2 物流服务师职业健康基础知识</td><td rowspan="12">（1）仪容仪表
（2）心理健康
（3）仓库 7S 管理</td><td rowspan="2">（1）仪容仪表</td><td>1）仪容仪表的概念</td><td rowspan="2">（1）方法：讲授法、演示法、角色扮演法
（2）重点与难点：物流相关岗位仪容仪表要求</td><td rowspan="2">1</td></tr>
<tr><td>2）物流相关岗位仪容仪表要求</td></tr>
<tr><td rowspan="3">（2）心理健康</td><td>1）心理健康的概念</td><td rowspan="3">（1）方法：讲授法、案例教学法
（2）重点与难点：缓解压力的方法</td><td rowspan="3">1</td></tr>
<tr><td>2）心理健康的标准</td></tr>
<tr><td>3）缓解压力的方法</td></tr>
<tr><td rowspan="7">（3）仓库 7S 管理</td><td>1）整理</td><td rowspan="7">（1）方法：讲授法
（2）重点与难点：仓库 7S 管理</td><td rowspan="7">1</td></tr>
<tr><td>2）整顿</td></tr>
<tr><td>3）清扫</td></tr>
<tr><td>4）清洁</td></tr>
<tr><td>5）素养</td></tr>
<tr><td>6）安全</td></tr>
<tr><td>7）节约</td></tr>
</table>

续表

2.1.1 职业基本素质培训要求			2.2.1 职业基本素质培训课程规范			
职业基本素质模块（模块）	培训内容（课程）	培训细目	学习单元	课程内容	培训建议	课堂学时
3．安全生产与环境保护知识	3-3 环境保护基础知识	（1）环境保护概述 （2）绿色物流	（1）环境保护概述	1）环境问题	（1）方法：讲授法、案例教学法 （2）重点与难点：环境保护的措施	1
				2）环境污染的类型		
				3）环境保护的措施		
			（2）绿色物流	1）绿色物流的概念	（1）方法：讲授法、案例教学法 （2）重点与难点：绿色物流的模式	1
				2）绿色物流的特点		
				3）绿色物流的模式		
4．相关法律、法规知识	4-1 相关法律知识	（1）《中华人民共和国劳动合同法》相关知识 （2）《中华人民共和国安全生产法》相关知识 （3）《中华人民共和国道路交通安全法》相关知识 （4）《中华人民共和国海商法》相关知识 （5）《中华人民共和国海关法》相关知识	相关法律知识	1）《中华人民共和国劳动合同法》相关知识	（1）方法：讲授法、案例教学法 （2）重点与难点：《中华人民共和国劳动合同法》相关知识	2
				2）《中华人民共和国安全生产法》相关知识		
				3）《中华人民共和国道路交通安全法》相关知识		
				4）《中华人民共和国海商法》相关知识		
				5）《中华人民共和国海关法》相关知识		
	4-2 相关法规知识	（1）《快递暂行条例》相关知识 （2）《铁路集装箱运输规则》相关知识	相关法规知识	1）《快递暂行条例》相关知识	（1）方法：讲授法、案例教学法 （2）重点与难点：《快递暂行条例》相关知识	1
				2）《铁路集装箱运输规则》相关知识		
课堂学时合计						42

附录 2　三级 / 高级职业技能培训要求与课程规范对照表

2.1.2　三级 / 高级职业技能培训要求				2.2.2　三级 / 高级职业技能培训课程规范			
职业功能模块（模块）	培训内容（课程）	技能目标	培训细目	学习单元	课程内容	培训建议	课堂学时
1．仓储与配送管理	1-1　仓储与配送作业管理	1-1-1　能编制仓储与配送作业计划	（1）编制入库作业计划 （2）编制出库作业计划	（1）仓储与配送作业计划编制与实施	1）入库作业计划 ①入库作业计划的内容 ②入库现场作业管理的要求	（1）方法：讲授法、实训法 （2）重点与难点：入库作业计划的内容、出库作业计划的内容	4
					2）出库作业计划 ①出库作业计划的内容 ②出库现场作业管理的要求		
		1-1-2　能组织资源实施仓储与配送作业计划	（1）仓储人员安排 （2）仓库工作任务安排		3）仓储人员安排原则		
					4）仓库工作任务安排技巧		
		1-1-3　能处理仓储与配送作业中爆仓、货损、货差、设备故障等异常情况	（1）爆仓处理 （2）货损、货差处理 （3）设备故障处理	（2）仓库异常情况的分类与处理	1）仓库异常情况的分类	（1）方法：讲授法、案例教学法 （2）重点与难点：仓库异常情况的处理	2
					2）仓库异常情况的处理 ①爆仓处理方法 ②货损、货差处理方法 ③设备故障处理方法		
		1-1-4　能实施仓储与配送作业绩效考核	（1）认识 KPI （2）了解仓储与配送作业绩效考核指标 （3）实施仓储与配送作业绩效考核	（3）仓储与配送作业绩效考核	1）KPI ① KPI 的定义及特点 ② KPI 的作用	（1）方法：讲授法、角色扮演法 （2）重点与难点：KPI 考核的方法和流程	2
					2）KPI 考核的方法和流程		
					3）仓储与配送作业绩效考核指标		
					4）绩效面谈的目的、原则和内容		
					5）绩效面谈的技巧		

续表

<table>
<tr><th colspan="4">2.1.2　三级 / 高级职业技能培训要求</th><th colspan="4">2.2.2　三级 / 高级职业技能培训课程规范</th></tr>
<tr><th>职业功能模块（模块）</th><th>培训内容（课程）</th><th>技能目标</th><th>培训细目</th><th>学习单元</th><th>课程内容</th><th>培训建议</th><th>课堂学时</th></tr>
<tr><td rowspan="8">1．仓储与配送管理</td><td rowspan="4">1-1　仓储与配送作业管理</td><td rowspan="2">1-1-5　能制定防火、防汛日常安全管理规范并及时处理安全隐患</td><td rowspan="2">（1）制定防火、防汛日常安全管理规范
（2）火灾隐患处理</td><td rowspan="2">（4）防火、防汛日常安全管理</td><td>1）防火、防汛日常安全管理规范
①仓库防火日常安全管理规范
②仓库防汛日常安全管理规范</td><td rowspan="2">（1）方法：讲授法、案例教学法、实训法
（2）重点与难点：火灾隐患处理</td><td rowspan="2">2</td></tr>
<tr><td>2）火灾隐患处理</td></tr>
<tr><td rowspan="2">1-1-6　能组织仓储与配送作业安全培训与演练</td><td rowspan="2">（1）仓储与配送作业安全培训
（2）仓储与配送作业安全演练</td><td rowspan="2">（5）仓储与配送作业安全培训与演练</td><td>1）仓储与配送作业安全培训
①仓储与配送作业安全培训的注意事项
②仓储与配送作业安全培训的内容</td><td rowspan="2">（1）方法：讲授法、案例教学法、实训法
（2）重点与难点：仓储与配送作业安全培训的内容</td><td rowspan="2">1</td></tr>
<tr><td>2）仓储与配送作业安全演练
①仓储与配送作业安全演练的注意事项
②仓储与配送作业安全演练的组织</td></tr>
<tr><td rowspan="4">1-2　仓储与配送作业质量管理</td><td rowspan="4">1-2-1　能对仓储与配送作业质量进行控制</td><td rowspan="4">（1）仓储质量管理
（2）制定仓储作业质量检查表
（3）监控仓储作业质量
（4）配送质量管理</td><td rowspan="4">（1）仓储与配送作业质量控制</td><td>1）仓储质量管理
①仓储质量管理的概念
②仓储质量管理的原则
③仓储质量管理的基本方法</td><td rowspan="4">（1）方法：讲授法、案例教学法
（2）重点与难点：仓储作业质量监控要点</td><td rowspan="4">2</td></tr>
<tr><td>2）仓储作业质量检查表</td></tr>
<tr><td>3）仓储作业质量监控要点
①入库作业监控要点
②在库保管监控要点
③出库作业监控要点</td></tr>
<tr><td>4）配送质量管理
①配送质量管理的概念
②配送质量管理的内容</td></tr>
</table>

续表

2.1.2 三级 / 高级职业技能培训要求				2.2.2 三级 / 高级职业技能培训课程规范			
职业功能模块（模块）	培训内容（课程）	技能目标	培训细目	学习单元	课程内容	培训建议	课堂学时
1．仓储与配送管理	1-2 仓储与配送作业质量管理	1-2-2 能对仓储与配送作业质量问题进行责任界定	（1）认识仓储部门岗位工作职责 （2）认识配送部门岗位工作职责	（1）仓储与配送作业质量控制	5）仓储部门岗位工作职责		
					6）配送部门岗位工作职责		
		1-2-3 能分析仓储与配送作业质量偏差原因并制定改进措施	（1）分析仓储作业质量偏差原因 （2）制定仓储作业质量偏差处理措施 （3）分析配送作业质量偏差原因 （4）制定配送作业质量偏差处理措施	（2）仓储与配送作业质量偏差处理	1）偏差 ①偏差的概念 ②偏差的种类	（1）方法：讲授法、案例教学法 （2）重点与难点：仓储作业质量偏差的处理措施	2
					2）仓储作业质量偏差的原因		
					3）仓储作业质量偏差的处理措施		
					4）仓储作业质量偏差的预防措施		
					5）配送作业质量偏差的原因		
					6）配送作业质量偏差的处理措施		
2．运输管理	2-1 运输作业管理	2-1-1 能编制运输作业计划	（1）识别运输作业计划的类型 （2）编制运输作业计划	（1）运输作业计划编制	1）运输作业计划的内容	（1）方法：讲授法、实训法 （2）重点与难点：运输作业计划的内容	1
					2）运输作业计划的类型		
					3）运输作业计划的编制流程		
		2-1-2 能组织资源实施运输作业计划	（1）运输调度 （2）路由设计	（2）运输调度和路由设计	1）运输调度 ①运输调度的流程 ②车辆调度的原则 ③驾驶员调度需考虑的因素	（1）方法：讲授法、实训法 （2）重点与难点：运输调度的流程、路由设计的方法	2
					2）路由设计 ①路由设计需考虑的因素 ②路由设计的方法		
		2-1-3 能监控运输过程状态并处理异常情况	（1）车辆在途监控 （2）运输异常情况处理	（3）车辆在途管理	1）车辆在途监控的内容	（1）方法：讲授法、案例教学法 （2）重点与难点：典型异常情况处理流程	1
					2）车辆在途的常见异常情况		
					3）典型异常情况处理流程		

续表

2.1.2 三级 / 高级职业技能培训要求				2.2.2 三级 / 高级职业技能培训课程规范			
职业功能模块（模块）	培训内容（课程）	技能目标	培训细目	学习单元	课程内容	培训建议	课堂学时
2．运输管理	2-1 运输作业管理	2-1-4 能实施运输作业绩效考核	(1) 确定运输作业绩效考核指标 (2) 实施运输作业绩效考核	(4) 运输作业绩效考核	1) 运输绩效管理的概念 2) 运输作业绩效考核指标 3) 运输作业绩效考核实施步骤	(1) 方法：讲授法、角色扮演法 (2) 重点与难点：运输作业绩效考核指标	1
		2-1-5 能制定车辆运输日常安全管理规范并及时处理安全隐患	(1) 制定车辆运输日常安全管理规范 (2) 车辆安全隐患排查与处理	(5) 车辆安全管理	1) 车辆运输日常安全管理规范 2) 车辆安全隐患排查 3) 车辆安全隐患处理	(1) 方法：讲授法、案例教学法 (2) 重点与难点：车辆运输日常安全管理规范	1
		2-1-6 能组织车辆运输安全培训与演练	(1) 车辆运输安全培训 (2) 车辆运输安全演练	(6) 车辆运输安全培训与演练	1) 车辆运输安全培训 ①常见交通安全事故原因 ②驾驶员行为规范要求 ③驾驶员职业道德要求 ④驾驶知识与安全意识的要求 2) 车辆运输安全演练 ①车辆运输安全演练目的 ②车辆运输安全演练内容 ③车辆运输安全演练准备 ④车辆运输安全演练步骤	(1) 方法：讲授法、角色扮演法、实训法 (2) 重点与难点：车辆运输安全演练	1
	2-2 运输作业质量管理	2-2-1 能对运输作业质量进行控制	(1) 明确运输作业标准 (2) 控制运输作业质量	(1) 运输作业质量控制	1) 运输作业质量控制的概念 2) 运输作业标准 3) 运输作业质量控制的流程 4) 运输作业质量控制的要点 ①业务受理质量控制的要点 ②取货发运质量控制的要点 ③在途运输质量控制的要点 ④到件派送质量控制的要点	(1) 方法：讲授法、案例教学法 (2) 重点与难点：运输作业质量控制的要点	1

续表

2.1.2　三级 / 高级职业技能培训要求				2.2.2　三级 / 高级职业技能培训课程规范			
职业功能模块（模块）	培训内容（课程）	技能目标	培训细目	学习单元	课程内容	培训建议	课堂学时
2．运输管理	2-2　运输作业质量管理	2-2-2　能对运输作业质量问题进行责任界定	（1）追踪运输作业质量 （2）界定运输作业质量问题的责任	（2）运输作业质量追踪与责任界定	1）运输作业质量追踪记录	（1）方法：讲授法、案例教学法 （2）重点与难点：服务缺失责任分析原则与判定标准	1
					2）运输作业质量问题责任界定的流程		
					3）服务缺失责任分析原则与判定标准		
		2-2-3　能分析运输作业质量偏差原因并制定改进措施	（1）对比分析运输作业质量考核关键指标 （2）分析运输作业质量偏差原因 （3）制定改进措施	（3）运输作业质量偏差处理	1）运输作业质量考核关键指标	（1）方法：讲授法、案例教学法 （2）重点与难点：运输作业质量考核关键指标	2
					2）运输作业质量偏差原因分析		
					3）运输作业质量偏差处理流程		
					4）运输作业质量改进措施		
3．货运代理	3-1　货运代理作业管理	3-1-1　能编制货运代理作业计划	（1）编制货运代理海运作业计划 （2）编制货运代理航空作业计划	（1）货运代理作业计划编制	1）货运代理海运作业计划编制	（1）方法：讲授法、实训法 （2）重点与难点：货运代理海运作业计划编制	1
					2）货运代理航空作业计划编制		
		3-1-2　能组织资源实施货运代理作业计划	（1）货运代理海运作业操作 （2）货运代理航空作业操作	（2）货运代理海运作业操作	1）海运出口作业操作	（1）方法：讲授法、实训法 （2）重点与难点：海运出口作业操作、海运进口作业操作	4
					2）海运进口作业操作		
				（3）货运代理航空作业操作	1）航空出口作业操作	（1）方法：讲授法、实训法 （2）重点与难点：航空出口作业操作、航空进口作业操作	3
					2）航空进口作业操作		
		3-1-3　能处理货运代理作业异常情况	（1）识别货运代理作业常见异常情况 （2）处理货运代理作业常见异常情况	（4）货运代理作业异常情况处理	1）货运代理作业常见异常情况的种类	（1）方法：讲授法、案例教学法 （2）重点与难点：货运代理作业常见异常情况的处理方法	1
					2）货运代理作业常见异常情况的处理方法		

续表

2.1.2 三级 / 高级职业技能培训要求				2.2.2 三级 / 高级职业技能培训课程规范			
职业功能模块（模块）	培训内容（课程）	技能目标	培训细目	学习单元	课程内容	培训建议	课堂学时
3．货运代理	3-1 货运代理作业管理	3-1-4 能实施货运代理作业绩效考核	实施货运代理作业绩效考核	（5）货运代理作业绩效考核	1）货运代理作业绩效考核的分类 2）货运代理作业绩效考核的原则 3）货运代理作业绩效考核的方法 4）货运代理作业的主要绩效指标 ①货运代理单证员的主要绩效指标 ②货运代理客服员的主要绩效指标 ③货运代理操作员的主要绩效指标 5）货运代理作业绩效面谈的方法	（1）方法：讲授法、角色扮演法 （2）重点与难点：货运代理作业的主要绩效指标	2
	3-2 货运代理作业质量管理	3-2-1 能对货运代理作业质量进行控制	运用质量管理的方法进行货运代理作业质量控制	（1）货运代理作业质量控制与责任界定	1）货运代理作业质量控制相关岗位及其要求 2）货运代理作业质量管理的方法 ①分层法 ②排列图法 ③ PDCA 循环法 ④ 5W1H 分析法	（1）方法：讲授法、案例教学法 （2）重点与难点：确定货运代理作业质量问题责任人	1
		3-2-2 能对货运代理作业质量问题进行责任界定	确定货运代理作业质量问题责任人		3）确定货运代理作业质量问题责任人		
		3-2-3 能分析货运代理作业质量偏差原因并制定改进措施	（1）分析货运代理作业质量偏差原因 （2）制定货运代理作业质量改进措施	（2）货运代理作业质量偏差处理	1）分析货运代理作业质量偏差原因 2）制定货运代理作业质量改进措施	（1）方法：讲授法、案例教学法 （2）重点与难点：制定货运代理作业质量改进措施	1

续表

<table>
<tr><th colspan="4">2.1.2　三级 / 高级职业技能培训要求</th><th colspan="4">2.2.2　三级 / 高级职业技能培训课程规范</th></tr>
<tr><th>职业功能模块（模块）</th><th>培训内容（课程）</th><th>技能目标</th><th>培训细目</th><th>学习单元</th><th>课程内容</th><th>培训建议</th><th>课堂学时</th></tr>
<tr><td rowspan="13">4．生产物流管理</td><td rowspan="13">4-1　采购供应管理</td><td rowspan="4">4-1-1　能编制采购计划</td><td rowspan="4">（1）认识采购计划
（2）编制采购计划</td><td rowspan="4">（1）采购计划</td><td>1）采购计划的概念</td><td rowspan="4">（1）方法：讲授法、实训法
（2）重点与难点：采购计划的编制流程</td><td rowspan="4">1</td></tr>
<tr><td>2）采购计划的分类</td></tr>
<tr><td>3）采购计划的作用</td></tr>
<tr><td>4）采购计划的编制流程</td></tr>
<tr><td rowspan="2">4-1-2　能采集供应商信息并实施供应商评价</td><td rowspan="2">（1）采集供应商信息
（2）评价供应商</td><td rowspan="2">（2）供应商信息采集与评价</td><td>1）供应商信息采集渠道</td><td rowspan="2">（1）方法：讲授法、案例教学法
（2）重点与难点：供应商评价的方法</td><td rowspan="2">1</td></tr>
<tr><td>2）供应商评价
①供应商评价的概念
②供应商评价的方法
③供应商评价的维度</td></tr>
<tr><td rowspan="3">4-1-3　能实施采购</td><td rowspan="3">（1）确定采购流程
（2）采购谈判
（3）签订采购合同</td><td rowspan="3">（3）采购执行</td><td>1）采购流程</td><td rowspan="3">（1）方法：讲授法、角色扮演法
（2）重点与难点：采购谈判的策略与技巧</td><td rowspan="3">2</td></tr>
<tr><td>2）采购谈判
①采购谈判的概念和作用
②采购谈判的准备
③采购谈判的礼仪规范
④采购谈判的策略与技巧</td></tr>
<tr><td>3）采购合同的要素</td></tr>
<tr><td rowspan="2">4-1-4　能安排物料配送</td><td rowspan="2">（1）认识物料配送
（2）准时制配送</td><td rowspan="2">（4）物料配送</td><td>1）物料配送的概念</td><td rowspan="2">（1）方法：讲授法、案例教学法
（2）重点与难点：准时制配送</td><td rowspan="2">1</td></tr>
<tr><td>2）准时制配送
①准时制配送的概念
②准时制配送的特征
③准时制配送的原则</td></tr>
</table>

续表

2.1.2 三级 / 高级职业技能培训要求				2.2.2 三级 / 高级职业技能培训课程规范			
职业功能模块（模块）	培训内容（课程）	技能目标	培训细目	学习单元	课程内容	培训建议	课堂学时
4．生产物流管理	4-2 物料管理与控制	4-2-1 能编制物料需求计划	（1）物料需求计划的概念 （2）物料需求计划的原理 （3）物料需求计划的编制过程 （4）物料需求计划的相关计算方法	（1）物料需求计划编制	1）物料需求计划的概念 2）物料需求计划的原理 3）物料需求计划的编制过程 4）物料需求计划的相关计算方法	（1）方法：讲授法、实训法 （2）重点与难点：物料需求计划的编制过程	2
		4-2-2 能进行物料库存控制	物料库存控制	（2）物料库存控制	1）库存控制的概念 2）库存控制的作用 3）库存控制的方法	（1）方法：讲授法、案例教学法 （2）重点与难点：物料库存控制	1
		4-2-3 能控制物料质量	（1）全面质量管理 （2）会使用质量管理常用工具 （3）制定抽样方法 （4）提出质量改进方法	（3）物料质量控制	1）全面质量管理 ①全面质量管理的概念 ②全面质量管理的特点 2）质量管理常用工具 3）抽样方法 4）质量改进方法	（1）方法：讲授法、案例教学法 （2）重点与难点：质量管理常用工具	2
5．物流信息技术应用	5-1 物流信息系统实施	5-1-1 能对物流信息系统的功能、流程和业务规则进行设置	（1）物流信息系统配置 （2）物流信息系统测试	（1）物流信息系统配置与测试	1）物流信息系统配置方法 2）物流信息系统测试 ①与打印机的对接测试 ②与手持终端的对接测试	（1）方法：讲授法、实训法 （2）重点与难点：物流信息系统配置方法	1

续表

2.1.2　三级 / 高级职业技能培训要求				2.2.2　三级 / 高级职业技能培训课程规范			
职业功能模块（模块）	培训内容（课程）	技能目标	培训细目	学习单元	课程内容	培训建议	课堂学时
5．物流信息技术应用	5-1　物流信息系统实施	5-1-2　能初始化物流信息系统	（1）认识初始化 （2）能进行物流信息系统初始化	（2）物流信息系统初始化	1）初始化的概念 2）物流信息系统初始化的原因 3）物流信息系统初始化的步骤	（1）方法：讲授法、实训法 （2）重点与难点：物流信息系统初始化的步骤	1
		5-1-3　能组织实施物流信息系统业务培训	（1）培训准备 （2）选择合适的培训方法	（3）物流信息系统业务培训	1）培训准备 ①培训资料准备 ②培训环境准备 2）培训方法	（1）方法：讲授法、案例教学法 （2）重点与难点：培训准备	1
	5-2　物流数据统计与分析	5-2-1　能根据业务需求收集整理物流数据	（1）了解物流数据指标 （2）收集物流数据 （3）整理物流数据	（1）物流数据收集整理	1）物流数据指标 2）物流数据收集的方法 3）物流数据收集的渠道 4）整理物流数据	（1）方法：讲授法、实训法 （2）重点与难点：整理物流数据	2
		5-2-2　能根据业务需求统计物流数据	统计物流数据	（2）物流数据统计	1）数据的集中趋势 2）数据的离散趋势 3）数据的偏度和峰度	（1）方法：讲授法、实训法 （2）重点与难点：数据的集中趋势	2
		5-2-3　能根据业务需求分析物流数据	分析物流数据	（3）物流数据分析	1）数据分析的概念 2）数据分析的基本流程 3）物流数据分析应用 ①分析商品出库报表 ②分析商品库存报表	（1）方法：讲授法、实训法 （2）重点与难点：数据分析的基本流程	2
课堂学时合计							58

附录 3　二级 / 技师职业技能培训要求与课程规范对照表

2.1.3　二级 / 技师职业技能培训要求				2.2.3　二级 / 技师职业技能培训课程规范			
职业功能模块（模块）	培训内容（课程）	技能目标	培训细目	学习单元	课程内容	培训建议	课堂学时
1．仓储与配送管理	1-1　仓储与配送业务运营	1-1-1　能制定仓储与配送业务标准操作程序（SOP）	（1）绘制仓储与配送业务标准操作流程图 （2）编写仓储与配送业务标准化操作手册	（1）仓储与配送业务标准操作程序制定	1）仓储与配送业务标准操作流程图 ①标准操作流程梳理方法 ②标准操作流程图绘制方法 2）仓储与配送业务标准化操作手册 ①标准化操作手册的编写流程 ②标准化操作手册的编写要点 ③标准化操作手册的格式 ④标准化操作手册的审核要点	（1）方法：讲授法、案例教学法 （2）重点与难点：标准化操作手册的编写要点	1
		1-1-2　能组织实施仓储与配送业务标准操作程序	组织实施仓储与配送业务标准操作程序	（2）仓储与配送业务实施管理	1）仓储业务实施安排 ①仓储团队组织架构 ②仓储日常工作安排要点 ③仓储日常工作内容 2）仓储作业规范 3）配送日常工作安排要点 4）配送作业规范	（1）方法：讲授法、实训法 （2）重点与难点：仓储作业规范、配送作业规范	1
		1-1-3　能制定仓储与配送业务运营绩效指标并实施绩效评估	（1）制定仓储与配送业务运营绩效指标	（3）仓储与配送业务运营绩效指标制定	1）仓储与配送业务运营绩效指标制定方法与原则 ①绩效指标权重确定方法 ②绩效指标考核标准制定方法 ③绩效指标的描述要求	（1）方法：讲授法、案例教学法	2

续表

<table>
<tr><th colspan="4">2.1.3 二级 / 技师职业技能培训要求</th><th colspan="4">2.2.3 二级 / 技师职业技能培训课程规范</th></tr>
<tr><th>职业功能模块（模块）</th><th>培训内容（课程）</th><th>技能目标</th><th>培训细目</th><th>学习单元</th><th>课程内容</th><th>培训建议</th><th>课堂学时</th></tr>
<tr><td rowspan="11">1. 仓储与配送管理</td><td rowspan="11">1-1 仓储与配送业务运营</td><td rowspan="8">1-1-3 能制定仓储与配送业务运营绩效指标并实施绩效评估</td><td rowspan="8">(2) 评估仓储与配送业务运营绩效</td><td rowspan="3">(3) 仓储与配送业务运营绩效指标制定</td><td>2) 平衡计分卡的原理</td><td rowspan="3">(2) 重点与难点：仓储与配送业务运营绩效指标制定方法与原则</td><td rowspan="3"></td></tr>
<tr><td>3) 鱼骨图的应用方法</td></tr>
<tr><td>4) 岗位绩效指标分解与设定</td></tr>
<tr><td rowspan="5">(4) 仓储与配送业务运营绩效评估</td><td>1) 绩效评估的目的</td><td rowspan="5">(1) 方法：讲授法、案例教学法
(2) 重点与难点：绩效评估的流程</td><td rowspan="5">2</td></tr>
<tr><td>2) 绩效评估的类型</td></tr>
<tr><td>3) 绩效评估的流程</td></tr>
<tr><td>4)“岗位关键绩效考核表”制作要求</td></tr>
<tr><td>5) 绩效考核记录工具</td></tr>
<tr><td rowspan="3">1-1-4 能制订仓储与配送安全应急预案并组织实施</td><td rowspan="3">(1) 制订仓储与配送安全应急预案
(2) 处理仓储与配送安全事故</td><td rowspan="3">(5) 仓储与配送安全应急预案制订与事故处理</td><td>1) 仓储与配送安全应急预案制订的步骤</td><td rowspan="3">(1) 方法：讲授法、案例教学法、实训法
(2) 重点与难点：仓储与配送安全事故处理</td><td rowspan="3">2</td></tr>
<tr><td>2) 仓储与配送安全应急预案
①货架坍塌事故应急预案
②叉车事故应急预案
③火灾事故应急预案
④自然灾害事故应急预案</td></tr>
<tr><td>3) 仓储与配送安全事故处理
①货架坍塌事故处理
②叉车事故处理
③火灾事故处理
④自然灾害事故处理</td></tr>
</table>

续表

<table>
<tr><th colspan="4">2.1.3　二级 / 技师职业技能培训要求</th><th colspan="4">2.2.3　二级 / 技师职业技能培训课程规范</th></tr>
<tr><th>职业功能模块（模块）</th><th>培训内容（课程）</th><th>技能目标</th><th>培训细目</th><th>学习单元</th><th>课程内容</th><th>培训建议</th><th>课堂学时</th></tr>
<tr><td rowspan="14">1. 仓储与配送管理</td><td rowspan="14">1–2　仓库规划设计</td><td rowspan="14">1–2–1　能分析仓储业务需求</td><td rowspan="14">（1）商品基本情况分析
（2）订单分析
（3）仓库能力分析</td><td rowspan="6">（1）商品基本情况分析</td><td>1）商品基本情况分析指标</td><td rowspan="6">（1）方法：讲授法、案例教学法
（2）重点与难点：商品基本情况分析指标</td><td rowspan="6">1</td></tr>
<tr><td>2）商品品种数目分析意义</td></tr>
<tr><td>3）商品重合度分析意义</td></tr>
<tr><td>4）外形尺寸分析意义</td></tr>
<tr><td>5）Excel 数据处理方法</td></tr>
<tr><td>6）ABC 分析法</td></tr>
<tr><td rowspan="5">（2）订单分析</td><td>1）订单处理情况分析</td><td rowspan="5">（1）方法：讲授法、案例教学法
（2）重点与难点：EIQ 分析法</td><td rowspan="5">2</td></tr>
<tr><td>2）商品出库情况分析</td></tr>
<tr><td>3）订单拆零情况分析</td></tr>
<tr><td>4）EIQ 分析法</td></tr>
<tr><td>5）订单拆零的计算公式</td></tr>
<tr><td rowspan="3">（3）仓库能力分析</td><td>1）吞吐能力分析
①吞吐能力的概念
②吞吐量的概念
③吞吐量的预测方法</td><td rowspan="3">（1）方法：讲授法、案例教学法
（2）重点与难点：库存周转能力分析</td><td rowspan="3">2</td></tr>
<tr><td>2）库存能力分析
①库存能力的概念与分析意义
②库存能力分析与预测方法</td></tr>
<tr><td>3）库存周转能力分析
①库存周转能力的概念与分析意义
②库存周转能力分析与预测方法</td></tr>
</table>

续表

2.1.3　二级 / 技师职业技能培训要求				2.2.3　二级 / 技师职业技能培训课程规范			
职业功能模块（模块）	培训内容（课程）	技能目标	培训细目	学习单元	课程内容	培训建议	课堂学时
1．仓储与配送管理	1-2　仓库规划设计	1-2-2　能进行仓库选址	仓库选址	（4）仓库选址	1）仓库选址的原则 2）仓库选址的意义 3）仓库选址的一般步骤 4）仓库选址的方法 ①定性分析法 ②定量分析法	（1）方法：讲授法、案例教学法、实训法 （2）重点与难点：仓库选址的方法	2
		1-2-3　能进行仓库布局设计	（1）确定仓库功能区 （2）仓库功能区位置规划 （3）仓库布局规划	（5）仓库功能区认知	1）仓库基本作业环节 2）仓库功能区类型	（1）方法：讲授法、案例教学法、实训法 （2）重点与难点：仓库功能区类型	1
				（6）仓库功能区位置规划	1）物流动线设计原则 2）物流动线类型和特点 3）仓库功能区位置规划方法 4）仓库功能区位置规划步骤	（1）方法：讲授法、案例教学法、实训法 （2）重点与难点：仓库功能区位置规划方法	1
				（7）仓库布局规划	1）仓库功能区空间布局 ①存储区空间布局 ②拣选区空间布局 ③集货区空间布局 ④出入库月台空间布局 ⑤辅助功能区空间布局 2）仓库功能区面积测算方法 ①存储区面积测算方法 ②拣选区面积测算方法 ③集货区面积测算方法 ④出入库月台面积测算方法 ⑤辅助功能区面积测算方法	（1）方法：讲授法、案例教学法、实训法 （2）重点与难点：仓库功能区面积测算方法	2

续表

2.1.3 二级 / 技师职业技能培训要求				2.2.3 二级 / 技师职业技能培训课程规范			
职业功能模块（模块）	培训内容（课程）	技能目标	培训细目	学习单元	课程内容	培训建议	课堂学时
1. 仓储与配送管理	1-2 仓库规划设计	1-2-4 能进行仓储设备配置	（1）集装单元化设备选型与数量确定 （2）货架选型与数量确定 （3）搬运设备选型与数量确定 （4）“货到人”拣选设备配置 （5）仓储设备成本预算	（8）集装单元化设备选型与数量确定	1）集装单元化设备的类型	（1）方法：讲授法、案例教学法 （2）重点与难点：托盘数量计算方法	2
					2）托盘的参数、类型及选型考虑因素		
					3）托盘数量计算方法		
					4）周转箱的参数、类型及选型考虑因素		
					5）周转箱数量计算方法		
				（9）货架选型与数量确定	1）货架的类型、特点及用途	（1）方法：讲授法、案例教学法 （2）重点与难点：货架数量计算方法	2
					2）货架的参数		
					3）货架选型考虑因素		
					4）货架选型注意事项		
					5）货架数量计算方法		
				（10）搬运设备选型与数量确定	1）搬运设备的类型、特点及用途	（1）方法：讲授法、案例教学法 （2）重点与难点：搬运设备数量计算方法	2
					2）搬运设备的参数		
					3）搬运设备（叉车）选型考虑因素		
					4）搬运设备数量计算方法		
				（11）“货到人”拣选设备配置	1）货架 ①货架数量确定方法 ②货架型号选择 ③分析货架占用空间	（1）方法：讲授法、实训法 （2）重点与难点：AGV 机器人	2
					2）工作站 ①确定基准天 ②工作站数量确定方法		

续表

2.1.3 二级 / 技师职业技能培训要求				2.2.3 二级 / 技师职业技能培训课程规范			
职业功能模块（模块）	培训内容（课程）	技能目标	培训细目	学习单元	课程内容	培训建议	课堂学时
1. 仓储与配送管理	1-2 仓库规划设计	1-2-4 能进行仓储设备配置		(11)“货到人”拣选设备配置	3) AGV 机器人 ① AGV 机器人数量确定方法 ② AGV 机器人型号选择		
					4) 配套设备		
				(12) 仓储设备成本预算	1) 仓储设备价格获取来源	(1) 方法：讲授法、案例教学法 (2) 重点与难点：仓储设备成本预算表的编制方法	1
					2) 仓储设备成本预算表的构成要素		
					3) 仓储设备成本预算表的编制方法		
2. 运输管理	2-1 运输业务运营	2-1-1 能制定运输业务标准操作程序	制定运输业务标准操作程序	(1) 运输业务标准操作程序制定	1) 运输业务标准化操作流程	(1) 方法：讲授法、案例教学法 (2) 重点与难点：运输业务标准化操作规范	1
					2) 运输业务标准化操作规范		
		2-1-2 能组织实施运输业务标准操作程序	组织实施运输业务标准操作程序	(2) 运输业务实施管理	1) 运输团队组织架构	(1) 方法：讲授法、实训法 (2) 重点与难点：运输团队组织架构、运输日常工作	1
					2) 运输日常工作 ①运输日常工作安排要点 ②运输日常工作内容		
					3) 运输业务规范要求		
		2-1-3 能制定运输业务运营绩效评价指标并实施绩效评估	(1) 建立运输业务运营绩效评价指标体系 (2) 评估运输业务运营绩效	(3) 运输绩效管理	1) 运输绩效评价的影响因素	(1) 方法：讲授法、案例教学法 (2) 重点与难点：运输绩效评价指标体系建立的方法与步骤	2
					2) 选择运输绩效评价指标的原则		
					3) 运输绩效评价指标的计算方法		
					4) 运输绩效评价指标体系建立的方法与步骤		
					5) 运输业务运营绩效评估表		

续表

<table>
<tr><th colspan="4">2.1.3 二级 / 技师职业技能培训要求</th><th colspan="4">2.2.3 二级 / 技师职业技能培训课程规范</th></tr>
<tr><th>职业功能模块（模块）</th><th>培训内容（课程）</th><th>技能目标</th><th>培训细目</th><th>学习单元</th><th>课程内容</th><th>培训建议</th><th>课堂学时</th></tr>
<tr><td rowspan="11">2．运输管理</td><td rowspan="2">2-1 运输业务运营</td><td rowspan="2">2-1-4 能制订运输安全应急预案并组织实施</td><td rowspan="2">（1）制订运输安全应急预案
（2）处理运输安全事故</td><td rowspan="2">（4）运输安全应急预案制订与事故处理</td><td>1）运输安全应急预案制订</td><td rowspan="2">（1）方法：讲授法、案例教学法
（2）重点与难点：运输安全事故处理</td><td rowspan="2">1</td></tr>
<tr><td>2）运输安全事故处理</td></tr>
<tr><td rowspan="9">2-2 运输线路设计</td><td rowspan="2">2-2-1 能分析运输业务需求</td><td rowspan="2">（1）认识运输业务需求
（2）预测运输业务需求</td><td rowspan="2">（1）运输业务需求分析</td><td>1）运输业务需求概述</td><td rowspan="2">（1）方法：讲授法、案例教学法
（2）重点与难点：运输业务需求预测方法</td><td rowspan="2">1</td></tr>
<tr><td>2）运输业务需求预测方法</td></tr>
<tr><td rowspan="3">2-2-2 能选择运输方式</td><td rowspan="3">选择运输方式</td><td rowspan="3">（2）运输方式选择</td><td>1）运输系统的构成要素</td><td rowspan="3">（1）方法：讲授法、案例教学法
（2）重点与难点：运输方式选择的影响因素</td><td rowspan="3">1</td></tr>
<tr><td>2）基本的运输方式</td></tr>
<tr><td>3）运输方式选择的影响因素</td></tr>
<tr><td rowspan="4">2-2-3 能设计运输节点及线路</td><td rowspan="4">设计运输节点及线路</td><td rowspan="4">（3）运输节点及线路设计</td><td>1）运输网络</td><td rowspan="4">（1）方法：讲授法、实训法
（2）重点与难点：运输线路规划方法</td><td rowspan="4">2</td></tr>
<tr><td>2）运输节点
①运输节点选址的目标及原则
②运输节点选址的影响因素
③运输节点选址的方法</td></tr>
<tr><td>3）运输线路规划方法</td></tr>
<tr><td>4）路由
①路由的概念
②路由设计考虑因素
③路由设计方法</td></tr>
<tr><td rowspan="2">3．货运代理</td><td rowspan="2">3-1 货运代理业务运营</td><td rowspan="2">3-1-1 能制定货运代理业务标准操作程序</td><td rowspan="2">制定货运代理业务标准操作程序</td><td rowspan="2">（1）货运代理业务标准操作程序制定</td><td>1）货运代理业务标准化操作流程</td><td rowspan="2">（1）方法：讲授法、案例教学法
（2）重点与难点：货运代理业务标准化操作规范</td><td rowspan="2">1</td></tr>
<tr><td>2）货运代理业务标准化操作规范</td></tr>
</table>

续表

2.1.3　二级 / 技师职业技能培训要求				2.2.3　二级 / 技师职业技能培训课程规范			
职业功能模块（模块）	培训内容（课程）	技能目标	培训细目	学习单元	课程内容	培训建议	课堂学时
3．货运代理	3-1　货运代理业务运营	3-1-2　能组织实施货运代理业务标准操作程序	组织实施货运代理业务标准操作程序	（2）货运代理业务实施管理	1）货运代理业务实施安排 ①货运代理团队组织架构 ②货物代理业务任务分配方法 ③货运代理业务日常工作内容	（1）方法：讲授法、实训法 （2）重点与难点：货运代理业务日常工作控制要点	2
					2）货运代理业务日常工作控制要点		
		3-1-3　能制定货运代理业务运营绩效指标并实施绩效评估	（1）制定货运代理业务运营绩效指标 （2）评估货运代理业务运营绩效	（3）货运代理业务运营绩效指标制定	1）货运代理业务运营绩效指标制定原则	（1）方法：讲授法、案例教学法 （2）重点与难点：货运代理业务运营绩效指标制定方法	2
					2）货运代理业务运营绩效指标制定方法		
				（4）货运代理业务运营绩效评估	1）货运代理业务运营绩效辅导 ①绩效辅导的对象 ②绩效辅导的渠道 ③绩效辅导的准备事项 ④绩效辅导的沟通方法 ⑤绩效辅导的跟踪和检查内容	（1）方法：讲授法 （2）重点与难点：货运代理业务运营绩效考核结果的应用方式	2
					2）货运代理业务运营绩效考核结果的应用方式		
	3-2　货运代理业务规划	3-2-1　能分析货运代理业务需求	分析货运代理业务需求	（1）货运代理业务需求分析	1）货运代理的业务范围	（1）方法：讲授法、案例教学法 （2）重点与难点：客户需求层次分析	1
					2）客户需求的特点		
					3）客户需求层次分析		
					4）影响客户需求的基本因素		

续表

2.1.3 二级 / 技师职业技能培训要求				2.2.3 二级 / 技师职业技能培训课程规范			
职业功能模块（模块）	培训内容（课程）	技能目标	培训细目	学习单元	课程内容	培训建议	课堂学时
3．货运代理	3-2 货运代理业务规划	3-2-2 能设计货运代理业务操作流程	（1）设计海运进出口业务操作流程 （2）设计航空进出口业务操作流程 （3）设计多式联运业务操作流程	（2）货运代理业务操作流程	1）海运进出口业务操作流程 2）航空进出口业务操作流程 3）多式联运业务操作流程	（1）方法：讲授法、案例教学法 （2）重点与难点：多式联运业务操作流程	2
		3-2-3 能开发与管理货运代理业务供应商	（1）了解外包需求 （2）选择供应商 （3）管理供应商 （4）供应商考评	（3）货运代理业务供应商开发与管理	1）供应商的分类 2）外包需求的预测方法 3）供应商的选择标准 ①船公司的选择标准 ②仓储公司的选择标准 ③陆运公司的选择标准 ④报关公司的选择标准 ⑤铁路公司的选择标准 ⑥航空公司的选择标准 4）供应商的分级管理原则 5）供应商的考评方法	（1）方法：讲授法、案例教学法 （2）重点与难点：供应商的选择标准	2
4．生产物流管理	4-1 采购业务规划	4-1-1 能进行供应商开发与选择	（1）供应商调查 （2）供应商稽核	（1）供应商开发与选择	1）供应商开发的步骤 2）供应商调查 ①供应商基础调查的主要内容 ②供应商调查问卷表 3）寻找潜在供应商的方法	（1）方法：讲授法、案例教学法 （2）重点与难点：供应商稽核	1

续表

2.1.3 二级 / 技师职业技能培训要求				2.2.3 二级 / 技师职业技能培训课程规范			
职业功能模块（模块）	培训内容（课程）	技能目标	培训细目	学习单元	课程内容	培训建议	课堂学时
4．生产物流管理	4-1 采购业务规划	4-1-1 能进行供应商开发与选择		（1）供应商开发与选择	4）供应商稽核 ①供应商稽核流程 ②供应商稽核项目包括的内容 ③供应商稽核指标包括的内容 ④现场供应商稽核要点 ⑤供应商稽核报告		
		4-1-2 能分析采购成本	（1）认识采购成本 （2）分析采购成本的影响因素 （3）提出降低采购成本的方法	（2）采购成本	1）采购成本的概念 2）采购成本的构成 3）采购成本的影响因素 4）降低采购成本的方法	（1）方法：讲授法、案例教学法 （2）重点与难点：采购成本的构成	1
		4-1-3 能制定采购策略	制定采购策略	（3）采购策略	1）采购策略的概念 2）采购策略的类型 ①基于准时战略的采购策略 ②基于数量和价格的采购策略 ③基于品种的采购策略 ④招标采购策略 ⑤电子商务采购策略	（1）方法：讲授法、案例教学法 （2）重点与难点：采购策略的类型	2
	4-2 物料库存设计	4-2-1 能进行物料库存分析	对库存物料进行 ABC 分类	（1）ABC 库存分析	1）ABC 分类法的概念 2）ABC 分类法的实施步骤	（1）方法：讲授法 （2）重点与难点：ABC 分类法的实施步骤	1

续表

2.1.3 二级 / 技师职业技能培训要求				2.2.3 二级 / 技师职业技能培训课程规范			
职业功能模块（模块）	培训内容（课程）	技能目标	培训细目	学习单元	课程内容	培训建议	课堂学时
4．生产物流管理	4-2 物料库存设计	4-2-2 能制定物料库存控制策略	（1）建立确定性需求下的库存控制模型 （2）建立随机需求下的库存控制模型	（2）库存控制模型	1）确定性需求下的库存控制模型	（1）方法：讲授法 （2）重点与难点：随机需求下的库存控制模型	2
					2）随机需求下的库存控制模型		
5．物流信息技术应用	5-1 物流信息系统需求分析	5-1-1 能提出物流信息系统需求	（1）收集物流信息系统需求 （2）编写标准的产品需求文档	（1）物流信息系统需求整理	1）物流信息系统需求调研	（1）方法：讲授法 （2）重点与难点：产品需求文档编写方法	1
					2）产品需求文档编写方法		
		5-1-2 能进行物流信息系统功能与流程设计	（1）梳理物流信息系统的功能与流程 （2）绘制业务流程图及系统功能思维导图	（2）物流信息系统的功能与流程设计	1）物流信息系统的功能	（1）方法：讲授法、演示法 （2）重点与难点：业务流程图的绘制方法	2
					2）物流信息系统的流程		
					3）业务流程图的绘制方法		
					4）系统功能思维导图的绘制方法		
		5-1-3 能撰写并评价物流信息系统需求规格说明书	（1）认识物流信息系统需求规格说明书 （2）撰写物流信息系统需求规格说明书 （3）评价物流信息系统需求规格说明书	（3）物流信息系统需求规格说明书撰写与评价	1）物流信息系统需求规格说明书的概念	（1）方法：讲授法、演示法 （2）重点与难点：物流信息系统需求规格说明书的内容	2
					2）物流信息系统需求规格说明书的内容		
					3）物流信息系统需求规格说明书的衡量标准		

续表

2.1.3　二级 / 技师职业技能培训要求				2.2.3　二级 / 技师职业技能培训课程规范			
职业功能模块（模块）	培训内容（课程）	技能目标	培训细目	学习单元	课程内容	培训建议	课堂学时
5．物流信息技术应用	5-2 物流数据分析与挖掘	5-2-1 能进行物流数据预处理	（1）描述物流数据预处理流程 （2）明确物流数据预处理标准 （3）运用数据处理方法对物流数据进行预处理	（1）物流数据预处理	1）数据质量对数据分析的影响 2）提高数据质量的方法 3）数据预处理 ①数据预处理流程 ②数据预处理标准 ③常见的数据预处理方法	（1）方法：讲授法、实训法 （2）重点与难点：常见的数据预处理方法	2
		5-2-2 能应用数据挖掘技术进行物流业务预测、规划及调度	物流数据挖掘	（2）物流数据挖掘	1）数据挖掘的定义 2）物流数据挖掘的基本任务 ①物流数据挖掘基本任务的含义 ②物流数据挖掘基本任务的内容 ③物流数据挖掘基本任务的实际应用案例 ④物流数据挖掘基本任务中涉及的常用算法 3）数据挖掘建模 ①数据挖掘建模的分类 ②数据挖掘建模的流程 ③跨行业数据挖掘标准流程（CRISP-DM）	（1）方法：讲授法、实训法 （2）重点与难点：物流数据挖掘基本任务中涉及的常用算法	4
6．培训指导	6-1 培训	6-1-1 能编制培训计划	编制培训计划	（1）培训计划编制	1）培训计划的内容 2）培训计划的编写方法	（1）方法：讲授法、案例教学法 （2）重点与难点：培训计划的编写方法	1
		6-1-2 能编制培训讲义	编制培训讲义	（2）培训讲义编制	1）培训讲义的内容 2）培训讲义的编写要求	（1）方法：讲授法、案例教学法 （2）重点与难点：培训讲义的编写要求	1

续表

2.1.3 二级/技师职业技能培训要求				2.2.3 二级/技师职业技能培训课程规范			
职业功能模块（模块）	培训内容（课程）	技能目标	培训细目	学习单元	课程内容	培训建议	课堂学时
6．培训指导	6-1 培训	6-1-3 能对本职业或相关职业三级/高级工及以下级别人员进行专业知识和技能培训	实施培训教学	（3）培训教学	1）教学语言运用 2）课程教学过程组织 3）五星教学法	（1）方法：讲授法、情景表演法 （2）重点与难点：课程教学过程组织	1
	6-2 指导	6-2-1 能编制物流业务指导方案	编制物流业务指导方案	物流业务知识和专业技能指导	1）物流业务指导方案的内容 2）物流业务知识指导的方法和要求 3）物流专业技能指导的方法和要求 4）案例教学的方法	（1）方法：讲授法、案例教学法 （2）重点与难点：物流业务知识指导的方法和要求、物流专业技能指导的方法和要求	2
		6-2-2 能对本职业或相关职业三级/高级工及以下级别人员进行业务指导	实施物流业务指导				
课堂学时合计							72

附录 4　一级/高级技师职业技能培训要求与课程规范对照表

2.1.4 一级/高级技师职业技能培训要求				2.2.4 一级/高级技师职业技能培训课程规范			
职业功能模块（模块）	培训内容（课程）	技能目标	培训细目	学习单元	课程内容	培训建议	课堂学时
1．物流战略管理	1-1 物流发展战略规划	1-1-1 能对物流市场及竞争环境进行分析	（1）物流市场分析 （2）物流竞争环境分析	（1）物流市场及竞争环境分析	1）物流市场调研的内容 2）市场竞争环境分析方法 3）物流行业竞争状况	（1）方法：讲授法、讨论法、实训法 （2）重点与难点：物流行业竞争状况	2
		1-1-2 能确定物流发展定位及目标	（1）物流发展定位 （2）明确物流战略目标	（2）物流发展定位及战略目标	1）物流企业发展状况调研 2）物流发展定位方法 3）物流战略目标的内容	（1）方法：讲授法、讨论法、案例教学法 （2）重点与难点：物流发展定位方法	2

续表

2.1.4 一级/高级技师职业技能培训要求				2.2.4 一级/高级技师职业技能培训课程规范			
职业功能模块（模块）	培训内容（课程）	技能目标	培训细目	学习单元	课程内容	培训建议	课堂学时
1．物流战略管理	1-1 物流发展战略规划	1-1-3 能进行物流资源规划	（1）识别物流资源 （2）物流资源规划	（3）物流资源规划	1）物流资源的含义 2）我国物流资源的状况 3）物流资源规划的内容	（1）方法：讲授法、案例教学法 （2）重点与难点：物流资源规划的内容	2
		1-1-4 能撰写物流发展规划报告	撰写物流发展规划报告	（4）物流发展规划报告撰写	1）物流行业数据的检索方式 2）物流发展规划报告的编制要素	（1）方法：讲授法、实训法 （2）重点与难点：物流发展规划报告的编制要素	2
	1-2 物流战略规划组织实施	1-2-1 能对物流业务进行统筹管理	（1）制订物流项目工作计划 （2）实施目标管理	（1）物流业务统筹管理	1）物流项目工作计划的内容 2）物流项目工作计划的制订原则 3）目标管理的概念 4）目标管理的基本内容 5）目标管理的方法	（1）方法：讲授法、角色扮演法 （2）重点与难点：物流项目工作计划的内容	2
		1-2-2 能对物流资源进行配置	物流资源配置	（2）物流资源配置	1）物流资源配置的含义 2）物流资源优化配置的含义 3）物流资源优化配置的原理 4）物流资源优化配置的方法	（1）方法：讲授法、案例教学法 （2）重点与难点：物流资源优化配置的方法	2
		1-2-3 能实施物流战略目标评估	评估物流战略目标	（3）物流战略目标评估	1）物流战略目标评估的内容 2）物流战略目标评估的原则 3）物流战略目标评估的方法	（1）方法：讲授法、案例教学法 （2）重点与难点：物流战略目标评估的方法	2

续表

2.1.4 一级 / 高级技师职业技能培训要求				2.2.4 一级 / 高级技师职业技能培训课程规范			
职业功能模块（模块）	培训内容（课程）	技能目标	培训细目	学习单元	课程内容	培训建议	课堂学时
1．物流战略管理	1-3 物流风险管理	1-3-1 能设计物流风险管理体系	（1）认识物流风险管理体系 （2）设计物流风险管理体系	（1）物流风险管理体系	1）物流风险的概念	（1）方法：讲授法、案例教学法 （2）重点与难点：物流风险管理体系	2
					2）物流风险的成因		
					3）物流风险的特点		
					4）物流风险管理体系的概念		
					5）物流风险管理体系的组成		
		1-3-2 能对物流风险进行识别及分析	（1）物流风险识别 （2）物流风险分析	（2）物流风险识别与分析	1）物流风险识别的概念	（1）方法：讲授法、讨论法、案例教学法 （2）重点与难点：物流风险分析方法	2
					2）物流风险识别的方法		
					3）物流风险分析方法 ①定性分析法 ②定量分析法		
		1-3-3 能针对物流风险提出应对方案	物流风险应对	（3）物流风险应对	1）物流风险的应对措施	（1）方法：讲授法、讨论法、案例教学法 （2）重点与难点：物流风险的应对措施	2
					2）物流风险应对方案的内容		
					3）物流风险监控		
					4）物流风险改进方法		
2．生产物流管理	2-1 战略采购管理	2-1-1 能对自制与外购策略进行选择	自制与外购决策	（1）自制与外购决策	1）自制与外购决策概述	（1）方法：讲授法、案例教学法 （2）重点与难点：自制与外购决策的方法	2
					2）自制与外购决策分析		
					3）自制与外购决策的影响因素		
					4）自制的收益与风险		
					5）外购的收益与风险		
					6）自制与外购决策的方法		

续表

<table>
<tr><th colspan="4">2.1.4　一级 / 高级技师职业技能培训要求</th><th colspan="4">2.2.4　一级 / 高级技师职业技能培训课程规范</th></tr>
<tr><th>职业功能模块（模块）</th><th>培训内容（课程）</th><th>技能目标</th><th>培训细目</th><th>学习单元</th><th>课程内容</th><th>培训建议</th><th>课堂学时</th></tr>
<tr><td rowspan="4">2．生产物流管理</td><td>2-1　战略采购管理</td><td>2-1-2　能对战略供应商进行选择及关系管理</td><td>（1）供应商管理策略认知
（2）供应商关系管理</td><td>（2）供应商管理</td><td>1）供应商管理策略
2）供应商关系管理
①供应商关系管理的概念
②供应商关系管理的基本内容
③供应商关系管理的意义</td><td>（1）方法：讲授法
（2）重点与难点：供应商管理策略</td><td>2</td></tr>
<tr><td rowspan="3">2-2　精益物流管理</td><td>2-2-1　能制定精益物流战略</td><td>（1）精益思想认知
（2）精益物流战略制定</td><td>（1）精益物流战略</td><td>1）精益思想的内容
2）精益物流战略的特点
3）精益物流战略的目标
4）精益物流战略的内容
5）精益物流战略的手段</td><td>（1）方法：讲授法、案例教学法
（2）重点与难点：精益思想的内容</td><td>1</td></tr>
<tr><td>2-2-2　能设计精益物流组织架构</td><td>（1）确定精益物流的目标
（2）掌握精益物流的方法
（3）设计精益物流组织架构</td><td>（2）精益物流组织架构设计</td><td>1）精益物流的目标
2）精益物流的方法
3）精益物流组织架构</td><td>（1）方法：讲授法、案例教学法
（2）重点与难点：精益物流的方法</td><td>1</td></tr>
<tr><td>2-2-3　能实施精益物流</td><td>实施精益物流</td><td>（3）精益物流实施</td><td>实施精益物流的步骤</td><td>（1）方法：讲授法、案例教学法
（2）重点与难点：实施精益物流的步骤</td><td>1</td></tr>
<tr><td>3．物流信息技术应用</td><td>3-1　物流信息战略规划与实施</td><td>3-1-1　能制订物流信息战略规划</td><td>制订物流信息战略规划</td><td>（1）物流信息战略规划</td><td>1）物流信息战略的内涵
2）物流信息战略规划目标
3）制订物流信息战略规划的基本思路
4）物流信息战略的规划步骤</td><td>（1）方法：讲授法、案例教学法
（2）重点与难点：物流信息战略的规划步骤</td><td>1</td></tr>
</table>

续表

2.1.4 一级 / 高级技师职业技能培训要求				2.2.4 一级 / 高级技师职业技能培训课程规范			
职业功能模块（模块）	培训内容（课程）	技能目标	培训细目	学习单元	课程内容	培训建议	课堂学时
3．物流信息技术应用	3-1 物流信息战略规划与实施	3-1-2 能对物流信息资源进行管理与配置	（1）认识信息资源 （2）认识物流信息资源 （3）认识物流信息资源管理 （4）认识基于供应链的物流信息资源管理 （5）物流信息资源配置	（2）物流信息资源管理与配置	1）信息资源的概念和特点 2）物流信息资源 ①物流信息资源的概念 ②物流信息资源的类型 ③物流信息资源的特点 3）物流信息资源管理的概念和特点 4）基于供应链的物流信息资源管理 ①基于供应链的物流信息资源管理的概念 ②基于供应链的物流信息资源管理的原则 ③基于供应链的物流信息资源管理的基本原理 5）物流信息资源配置 ①物流信息资源配置的目标 ②物流信息资源配置的要求	（1）方法：讲授法、案例教学法 （2）重点与难点：物流信息资源配置	2
		3-1-3 能实施物流信息战略评估	评估物流信息战略	（3）物流信息战略评估	1）物流信息战略评估的内容 2）物流信息战略评估的原则 3）物流信息战略评估的方法	（1）方法：讲授法、案例教学法 （2）重点与难点：物流信息战略评估的方法	2
	3-2 物流大数据技术应用	3-2-1 能对物流数据资产进行管理	（1）物流数据采集 （2）物流数据管理	（1）物流大数据	1）物流大数据的概念 2）物流数据采集方法 3）物流业务数据化的方法	（1）方法：讲授法、案例教学法 （2）重点与难点：物流业务数据化的方法	1

续表

2.1.4 一级/高级技师职业技能培训要求				2.2.4 一级/高级技师职业技能培训课程规范			
职业功能模块（模块）	培训内容（课程）	技能目标	培训细目	学习单元	课程内容	培训建议	课堂学时
3．物流信息技术应用	3-2 物流大数据技术应用	3-2-2 能分析物流数据价值并制定数据化运营策略	（1）数据可视化呈现 （2）制定数据化运营策略	（2）数据可视化	1）可视化图表 ①可视化图表的分类 ②可视化图表的表达内容 ③比较类图表的定义和特点 ④组成类图表的定义和特点 ⑤分布类图表的定义和特点 ⑥关系类图表的定义和特点 2）仪表盘的制作方法 3）可视化图表的交互方式	（1）方法：讲授法、实训法 （2）重点与难点：可视化图表的交互方式	2
				（3）数据化运营	1）数据化运营的概念 2）数据化运营的步骤 3）数据化运营的趋势	（1）方法：讲授法、案例教学法 （2）重点与难点：数据化运营的步骤	1
		3-2-3 能对物流数据应用进行创新	（1）应用回归分析预测法分析物流数据 （2）应用聚类方法分析物流数据	（4）分仓商品需求预测	1）序列预测所包含的常用算法 2）时间序列算法 ①时间序列算法的思想 ②时间序列算法的特点 ③时间序列算法的原理 ④时间序列算法的参数内容 ⑤时间序列算法的参数设置方法 3）时间序列预测评估指标的含义 4）时间序列预测模型的评估方法	（1）方法：讲授法、实训法 （2）重点与难点：时间序列算法	4

续表

2.1.4 一级 / 高级技师职业技能培训要求				2.2.4 一级 / 高级技师职业技能培训课程规范			
职业功能模块（模块）	培训内容（课程）	技能目标	培训细目	学习单元	课程内容	培训建议	课堂学时
3．物流信息技术应用	3-2 物流大数据技术应用	3-2-3 能对物流数据应用进行创新		（5）区域物流量预测	1）随机森林算法概述 ①随机森林算法的思想 ②随机森林算法的特点 ③随机森林算法的原理 2）随机森林算法的参数设置方法 3）随机森林预测评估指标的含义 4）随机森林预测模型的评估方法	（1）方法：讲授法、实训法 （2）重点与难点：随机森林算法的参数设置方法	4
				（6）仓储货位分配分析	1）聚类分析概述 ①聚类的定义 ②聚类方法的分类特点 ③聚类方法的分类内容 2）相似度的度量方法 3）K-means 算法 ① K-means 算法的原理 ② K-means 算法的参数设置方法 4）K-means 聚类结果的含义 5）K-means 聚类评估方法	（1）方法：讲授法、实训法 （2）重点与难点：K-means 算法	4
4．培训指导	4-1 培训	4-1-1 能设计培训体系	设计培训体系	（1）培训体系设计	1）培训体系的概念 2）培训体系的构成 3）培训体系设计的方法	（1）方法：讲授法、案例教学法 （2）重点与难点：培训体系设计的方法	1

续表

2.1.4 一级 / 高级技师职业技能培训要求				2.2.4 一级 / 高级技师职业技能培训课程规范			
职业功能模块（模块）	培训内容（课程）	技能目标	培训细目	学习单元	课程内容	培训建议	课堂学时
4．培训指导	4-1 培训	4-1-2 能对本职业或相关职业二级 / 技师及以下级别人员进行专业知识和技能培训	（1）编制培训方案 （2）实施培训方案	（2）培训方案编制与实施	1）培训需求调研 2）培训方案的内容 3）培训注意事项 4）培训效果总结	（1）方法：讲授法、案例教学法 （2）重点与难点：培训方案的内容	1
	4-2 指导	4-2-1 能设计业务指导体系	设计业务指导体系	业务指导体系设计与实施	业务指导体系的内容	（1）方法：讲授法 （2）重点与难点：行业前沿技术	2
		4-2-2 能对本职业或相关职业二级 / 技师及以下级别人员进行业务指导	实施业务指导		行业前沿技术		
课堂学时合计							52